“电动化+智能化”驱动下的汽车产业商业模式创新

薛奕曦　贾菁菁　邱国华　著

南開大學出版社
天　津

图书在版编目(CIP)数据

"电动化+智能化"驱动下的汽车产业商业模式创新 / 薛奕曦，贾菁菁，邱国华著. 一天津：南开大学出版社，2019.7

ISBN 978-7-310-05737-5

Ⅰ. ①电… Ⅱ. ①薛… ②贾… ③邱… Ⅲ. ①电动汽车一汽车工业一商业模式一研究一中国 Ⅳ. ①F426.471

中国版本图书馆 CIP 数据核字(2019)第 012804 号

南开大学出版社出版发行

出版人:刘运峰

地址:天津市南开区卫津路 94 号 邮政编码:300071

营销部电话:(022)23508339 23500755

营销部传真:(022)23508542 邮购部电话:(022)23502200

*

北京建宏印刷有限公司印刷

全国各地新华书店经销

*

2019 年 7 月第 1 版 2019 年 7 月第 1 次印刷

210×148 毫米 32 开本 5 印张 2 插页 127 千字

定价:28.00 元

如遇图书印装质量问题,请与本社营销部联系调换,电话:(022)23507125

目　录

理论篇

本篇旨在阐释和介绍本书研究过程中所涉及的主要理论和概念，通过对这些理论和概念的描述、界定，为本书后续的研究提供理论基础和研究框架。受电动化和智能化驱动的影响，传统汽车产业的商业模式面临着创新的需求；同时，商业模式创新也是进一步推动传统汽车产业转型升级、向电动化和智能化发展的关键因素。因此，本篇在对电动汽车、智能汽车、“智能+电动”等相关概念进行界定的基础上，基于本书的研究内容，具体阐释了技术创新、产业升级以及商业模式等相关理论；并进一步对技术创新背景下的产业升级与商业模式创新等内容进行了分析。

第一章　相关概念的认知和界定

本章将基于研究对象，对电动汽车、智能汽车、技术创新、产业升级等相关概念的内涵和边界进行界定。本章的研究将为后续研究提供理论框架和基础。

第一节　电动汽车和智能汽车的概念界定

1. 电动汽车

为深入了解电动汽车的概念，我们首先对新能源汽车进行介绍。新能源又称非常规能源，是指传统能源之外的各种能源形式，如太阳能、地热能、风能、海洋能、生物质能和核聚变能等。

按照通常的定义，常规能源是指技术上相对成熟，而且已被大规模利用的能源，如煤、石油、天然气以及大中型水电等。而新能源是指开发技术尚未成熟，正在积极研究开发当中的能源，如太阳能、风能、现代生物质能、地热能、海洋能以及核能、氢能等。汽车工业作为能源消耗巨头，受限于能源危机，需要考虑开发新能源的利用形式，进行能源和动力系统的转型。

2007 年 11 月，国家发展和改革委员会（以下简称“国家发展改革委”）正式实施的《新能源汽车生产准入管理规则》对“新能源汽车”进行如下定义：新能源汽车系指采用非常规的车用燃料作为动力来源（或使用常规的车用燃料、采用新型车载动力装置），综合车辆的动力控制和驱动方面的先进技术，形成的技术原理先进、具有新技术、新结构的汽车。新能源汽车包括混合动力汽车（HEV）、纯电动汽车（BEV，包括太阳能汽车）、燃料电池电动汽车（FCEV）、氢发动机汽车、其他新能源（如高效储能器、二甲醚）汽车等。

2012 年 7 月，国务院正式发布《节能与新能源汽车产业发展规划（2012—2020 年）》，进一步明确了新能源汽车的定义：新能源汽车是指采用新型动力系统，完全或主要依靠新型能源驱动的汽车，主要包括纯电动汽车、插电式混合动力汽车及燃料电池汽车。目前对于新能源汽车的定义基本采用这个说法。

而我们通常所说的电动汽车，涵盖了上述定义中新能源汽车的类型，即包括纯电动汽车、插电式混合动力汽车和燃料电池汽车。因此，从概念上看，二者差别不大，在多数情况下视为等同。以下是几种电动汽车的技术原理和概念。

（1）插电式混合动力汽车（Plug-in Hybrid Electric Vehicle，PHEV）是一种新型的混合动力电动汽车。区别于传统汽油动力与电驱动结合的混合动力，插电式混合动力汽车驱动原理、驱动单元都与纯电动车无异，之所以称其为混合动力，是在这类车上装备有一台发动机。普通混合动力车的电池容量很小，仅在起/停、加/减速的时候供应/回收能量，不能外部充电，不能用纯电动模式较长距离行驶；插电式混合动力汽车的电池相对比较大，可以外部充电，可以用纯电动模式行驶，电池电量耗尽后再以混合动力模式（以内燃机为主）行驶，并适时向电池充电。

（2）纯电动汽车（Blade Electric Vehicles，BEV）是完全由可充电电池（如铅酸电池、镍镉电池、镍氢电池或锂离子电池）提供动力源的汽车。纯电动汽车主要由动力电池、电动机/发电机等部件组成。动力电池向电动机提供电能来驱动汽车。在制动或减速时，电机作为发电机来回收能量。纯电动汽车技术相对简单成熟，动力性、安全性和可靠性达到或接近普通内燃机汽车水平，同时具有低噪声、易维修、调节电网系统峰谷负荷以实现节能等优点，是未来理想的交通运输工具之一。但目前受动力电池技术的限制，一次充电的行驶里程与普通内燃机汽车相比较短。

（3）燃料电池汽车（Fuel Cell Electric Vehicles，PCEV）是电动汽车的一种，核心部件燃料电池的电能是通过氢气和氧气的化学作用产生，而不是经过燃烧，直接变成电能。燃料电池汽车动力系统主要由燃料电池发动机、燃料箱（氢瓶）、电机、动力电池等组成，采用燃料电池发电作为主要能量源，通过电机驱动车辆前进。燃料电池汽车具有效率高、节能环保（以氢为能源、排放物为水、运行噪音小）等优点，燃料加注时间和一次加注的行驶里程与普通内燃机汽车无大差别。

本书研究的电动汽车是指纯电动乘用车，即完全依靠电力驱动，需要充换电基础设施的乘用车，包括私人电动汽车、电动出租车和用于租赁的电动车辆等。电动商用车，包括电动巴士、电动公交车、电动货车等，由于涉及主体不同，成本结构及利益来源不同，商业模式也不同，不在本书的研究范围内。

2. 智能汽车

目前对智能汽车的概念界定并不完全一致，但主要内容相似。所谓智能汽车，是指在普通车辆的基础上增加了先进的传感器（雷达、摄像）、控制器、执行器等装置，通过车载传感系统和信息终端实现与人、车、路等的智能信息交换，使车辆具备智能的环境感知能力，能够自动分析车辆行驶的安全及危险状态，并使车辆按照人的意愿到达目的地，最终实现替代人来操作的目的。

智能汽车的发展方向就是无人驾驶汽车。无人驾驶汽车的工作原理就是以高精度地图为基础，辅以车载传感设备所收集的数据，通过具有深度学习能力的智能算法的识别、运算做出相应决策，并控制车辆达到自行驾驶。无人驾驶技术集合了人工智能、环境识别以及车辆制动等多个科技领域的技术成果。

按美国国家公路交通安全管理局（NHTSA）的分类，无人驾驶发展分为四个阶段：智能辅助驾驶阶段、半自动驾驶阶段、有限条件下的无人驾驶阶段和完全无人驾驶阶段，如表 1-1 所示。

表 1-1　无人驾驶技术发展阶段

等级	名称	描述
1	智能辅助驾驶（Function-Specific Automation）	车辆具备一个或多个自动控制功能，通过警告的方式反馈给驾驶者，以避免车祸的发生，执行权依旧归驾驶者所有
2	半自动驾驶（Combined Function Automation）	实现从驾驶员手中接管汽车驾驶部分原始功能的执行权
3	有限条件下的无人驾驶（Limited Self-Driving Automation）	某个特定的交通环境下实现完全自主的驾驶
4	完全无人驾驶（Full Self-Driving Automation）	在任何道路环境下实现车辆的全面自动驾驶

从整车制造的角度出发，无人驾驶汽车的构造可分为环境感知系统、定位导航系统、路径规划系统、中央处理单元、辅助驾驶系统和运动控制系统等六大系统。无人驾驶汽车可被看作是一个轮式移动机器人，传统汽车只是移动能力的载体，而无人驾驶的核心是人工智能。因此，对于无人驾驶，环境感知是前提，中央处理单元（智能芯片）是核心，定位导航系统、路径规划系统、辅助驾驶系统和运动控制系统是无人驾驶的重要支撑。

根据美国专利顾问公司 Lexlnnova 的报告，无人驾驶汽车发展所需基本技术有九项，即车对车通讯（V2V Communication）、巡航控制（Cruise Control）、自动刹车（Automatic Brakes）、车道维持（Lane Keeping）、雷达（Radar）、循迹或稳定控制（Traction or Stability

Control)、视频摄影机（Video Camera)、位置估计器（Position Estimator)、全球定位系统（Global Positioning System，GPS)。

3. “智能+电动”汽车

本书所称的智能电动汽车主要是指电动汽车与智能汽车的融合，以电力为主要驱动的智能汽车，以及电动汽车的智能化。需要指出的是，电动汽车经过多年的发展已进入产业化阶段，而智能汽车在全球范围来说，还不属于一个产业范畴，其产业化进程还未完全开启，目前主要侧重于强调其作为创新技术产品的功能和定位。

第二节　技术创新的内涵

早在 1912 年，美国经济学家熊彼特（Schumpeter）就在《经济发展理论》(*The theory of economic development*)中提出了创新理论，并将创新定义为“企业家对生产要素的重新组合”，包括五个方面内容：引入新的产品、引进新技术、开辟新市场、控制原材料新的供给来源、实现工业的新组织。这一概念既包括技术创新，也包括市场创新和组织创新等，被学术界普遍认为是较早关于技术创新的概念。在熊彼特看来，技术创新具有以下几个方面特点或模式。

（1）有一个与科学新发展相关但不能确定的基本发明流，其处在现有企业和市场结构之外，基本上不受市场需求的影响，但可能受到潜在需求的影响。

（2）一群企业家意识到这些发明的未来潜能，准备冒发明和创新的风险，这种冒险行动是一般资本家或经理不敢采取的。

（3）一旦成功地做出一项根本性的创新，它将使现有市场结构处于不均衡的状态，成功的创新者将获得短期的超额利润，但这种垄断会随着大量模仿者的进入而被削弱。

然而，熊彼特并未对技术创新做出严格的定义，之后的学者在重新阐述、评价熊彼特创新概念的基础上依照各自的不同理解而定义技术创新，逐渐拓展这一概念，经历了 20 世纪 50—60 年代的开发性研究、70—80 年代的系统研究和 80 年代至今的综合研究几个阶段。在这一过程中，国内外学者从不同角度对技术创新的内涵进行了探讨和界定。

1951 年，美国学者索洛（Solo）对技术创新理论重新进行了比较全面的研究，在《在资本化过程中的创新：对熊彼特理论的评价》一文中提出技术创新成立的两个条件，即新思想来源和以后阶段的实现发展，首次以阶段、过程解析熊彼特的定义。该定义被认为是技术创新概念界定研究上的一个里程碑，后续的研究大都沿着这一思路进行。美国学者伊诺思（Enos，1962）首次直接明确地对技术创新下定义，从行为集合的角度将技术创新定义为“几种行为综合的结果，这些行为包括发明的选择、资本投入保证、组织建立、制定计划、招用工人和开辟市场等”。美国学者曼斯菲尔德对技术创新的定义被后来的学者较多地引用，认为“技术创新是从企业对新产品的构思开始、以新产品的销售和交货为终结的探索性活动”。美国国家科学基金会在《1976 年：科学指示器》中，将创新定义为“技术创新是将新的或改进的产品、过程或服务引入市场”。该定义明确地将模仿和不需要引入新技术知识的改进作为最终层次上的两类创新而划入技术创新定义范围中。

整体来看，在 20 世纪 70 年代末以前，创新理论研究主要集中于单一企业的技术创新。随后，人们的视野逐渐从特定的个体创新转移到了更广泛的技术发展上，创新被看作是与多种因素相联系的技术经济现象。美国学者希伯尔（Hippel，1980）研究了技术创新过程中企业间的相互作用，并随着研究的深入，形成了第二代技术创新理论模式。纳尔逊（Nelson）、温特（Winter）和多西（Dosi）在此后提出，某一个技术创新与其他一些技术创新之间不是离散的，创新与环境之间的关系也极其密切，人们不应孤立地考虑创新，而须在一个不断演进的环境中以及技术结构不断发展的基础上理解技术创新。创新研究的视野从单个企业内部转向企业与外部环境的联系和互动，导致“网络范式”的兴起。1987 年，美国学者弗里曼（Freeman）首次使用了国家创新系统（NIS）的概念，认为：“现代的国家创新系统从制度上讲是非常复杂的，其涉及制度要素和私人企业的行为因素，既包括致力于公共技术知识的大学，也包括政府基金与计划。”最后，美国学者伦德瓦尔（Lurdvall，1992）分析证明了 NIS 的存在，并试图给出它的框架构成。对技术创新支撑环境的重视与研究，表明第三代技术创新理论的出现。

国内学者对技术创新的研究起步较晚，其对技术创新内涵的界定与国外学者大致相同。傅家骥等（1990）将技术创新界定为企业家通过对生产的各要素、条件和组织等重新组合来确立效能、效率更高的新生产体系，获得更大的利润，其本质在于将科学技术与经济活动合理地结合。贾蔚文（1997）认为技术创新是一个从新产品或新工艺设想的产生，经过研究、开发、商业化生产，到市场应用的完整过程的一系列活动的总和。陈柳钦（2007）认为，技术创新是以技术为载体，以技术活动为手段，促进知识与科技成果的商业化和产业化，是新技术的首次成功应用。该概念强调技术创新不仅注重技术的创造性及技术水平的提高，更注重的是技术在市场推广上的成功、在经济活动中的应用。

结合已有的文献以及本研究的对象特点，本书认为技术创新不仅仅是产品创新和工艺创新，而且是一种创造价值的商业化和产业化过程。技术创新只有被应用到现实的生产中，创造出新的经济价值，才能称之为真正的技术创新。

第三节 产业升级的内涵

作为产业经济学的基础概念和理论，产业升级的内涵和分类至今仍然不统一。通常，研究者直接阐述定义的少，更多地是从产业升级方式和规律角度进行概念解释。美国学者波特（Porter，1990）认为，产业升级是当资本相对于劳动力和其他资源禀赋更加充裕时，国家发展资本和技术密集型产业的比较优势。而大多数学者则是从微观企业层面来界定产业升级。美国学者格列夫（Gereffi，1999）通过对亚洲和北美洲墨西哥服装行业价值链的考察，认为产业升级是一个企业提高迈进更具盈利能力的资本和技术密集型经济领域的能力的过程，这一过程是在价值链内部从低到高的增加值活动转变。开普林斯基和雷德曼（Kaplinsky & Readman，2001）则将产业升级和创新区别开来。他们认为，创新指相对自己先前状况而言，公司改进或开发新产品或工艺；而升级则指相对他们的竞争者而言，公司如何快速适应变化的环境。这一定义将动态分析加入产业升级概念。他们在价值链分析框架下研究公司层面的产业升级，并区分了四种产业升级方式。庞恩（Poon，2004）认为产业升级就是制造商成功地从生产劳动密集型低价值产品向生产高价值的资本或技术密集型产品这样一种经济角色的转换过程。

除了从企业微观层面分析产业升级外，更多学者综合企业和产业层面对产业升级进行分类。如恩斯特（Ernst，2001）提出了五个分类，丰富了产业内和产业间的两种分类。（1）产业间升级：在产业层级中从低附加值产业向高附加值产业的移动；（2）要素间升级：在生产要素层级中从自然禀赋向“创造禀赋”或者“取得禀赋”转移，即向物资资本、人力资本和社会资本移动；（3）需求升级：在消费层级中从必需品向便利品过渡，然后是向奢侈品移动；（4）功能升级：即获得产业链上新的、更好的功能，如设计和营销，或放弃现有的低附加值功能而集中致力于附加值更高的环节；（5）链接上的升级：在前后链接的层级中，从有形的商品类生产投入到无形的、知识密集的支持性服务投入。后四种都属于产业内升级。Ernst强调后面两种是基于公司层面而言的。由于公司行为和创新活动的重要性，以及产业结构本身不足以解释创新的动力，Ernst 指出产业升级专注于产业结构与公司行为的共同演化。汉弗莱和施米茨（Humphrey & Schmitz，2002）区分了产业升级的四种方法或类型：工艺升级、产品升级、功能升级和跨产业升级。前三种都属于产业内升级。朱榕榕（2012）认为产业升级一词包含三种意义：一是指单个产业的升级，涉及单个产业的进化和发展，即某一产业中企业、产品或服务数量和质量的变动。包括流程升级（生产过程更加有效率）、产品升级（新产品开发，比竞争对手更快的升级）、功能升级（获取价值链中更高附加值环节）等。如，朱卫平和陈琳（2011）认为传统产业通过提高技术水平、生产工艺甚至推进产品升级和内部结构调整避免被淘汰，而这种周而复始、循环往复不断调整的动态过程就是产业演化升级的过程。二是指产业结构的升级，产业结构逐渐由第一、二产业向第三产业转移；产业结构逐渐以劳动密集型—资本密集型—技术密集型方式升级。三是指既包含单个产业升级，又包含结构的升级。

结合研究对象及研究内容，本书更加侧重从产业层面分析产业升级，特别强调产业内升级，重点研究由于技术创新而引发的汽车产业内部的工艺变革、产品升级和功能升级以及由此带来的新业态和新模式。

第二章　商业模式的相关理论

本章将重点对商业模式的相关理论进行介绍，包括商业模式的内涵、商业模式的构成要素、商业模式的创新以及商业模式的评估。这将为后续智能电动汽车商业模式的创新及评估提供理论基础和框架。

第一节　商业模式的内涵

商业模式本身并不是现在才有的新生事物，其在前古典时期已成为经济和贸易行为的重要组成部分（Teece，2010），20 世纪 90 年代随着互联网的兴起，其越来越成为人们关注的对象（Demil & Lecocq，2010）。一些学者认为商业模式的概念在 20 世纪 90 年代中期开始受到大量的关注，与互联网的出现、新兴市场的迅速发展、人们对金字塔底部问题的关注，以及产业的迅速扩张过程中对后工业时代技术的依赖分不开。尤其在目前复杂、多变的环境下，商业模式提供了一个新的思考方式，其创新将会给企业带来前所未有的机会。

加齐亚尼和温特莱斯卡（Ghaziani & Ventresca，2005）以商业信息会文期刊数据库（ABI/INFORM）为基础，以 1975—2000 年为样本期间，发现在此期间共有 1729 个出版物包含“商业模式”（Business Model）这一术语。其中，1975—1994 年期间仅有 166 个，只占到 9.6%的比例；1995 年以后的研究文献所占比例高达 90%。佐特等（Zott，et al.，2011）以史蒂芬斯数据库（EBSCOhost）

为基础，以 1975—2009 年为样本期间，对学术出版物和非学术出版物进行区别，结果表明在样本期间共有 1203 篇论文发表在学术期刊上，其中绝大部分文献也是刊于 1995 年之后，与加齐亚尼等的研究发现相一致。

20 世纪 50 年代以后，互联网的迅速普及以及通信等成本的不断下降，使得许多企业的组织结构发生变革，其传统的创造和传递价值的方式开始发生变化，引起了以互联网为基础的经营模式的变革，不同的主体基于互联网形成了互联网价值网络，这一价值网络主要包括用户、通信服务提供商以及供应商三大类，有些主体的角色在这一价值网络中具有多重性，可能既是通信服务提供商又是供应商，或者可能既是用户又是通信服务提供商。这些主体在向最终消费者提供基于互联网的产品或服务时，可能会出现交易障碍，为了解决这些交易障碍，不同的商业模式或定价模式不断涌现，例如，一些门户互联网等内容集成商免费向消费者提供各种信息和服务以吸引大量的消费者；为寻求更多收入来源，其通过引入广告获得持续性收入增长；而广告公司通过内容集成商提供的网络平台进行广告投放，提高了其产品在众多消费者中的熟悉度和认知度，进而拉动其销售收入。由此可见，商业模式在很大程度上可以说是交易模式，是为了解决交易障碍而出现的各种经营模式。

虽然商业模式的概念很早就已经出现，但直至目前并未形成统一的定义。不同学者往往根据自己的研究目的，对商业模式进行不同的定义。总体来看，商业模式曾被不同的学者定义为一种陈述（statement）、描述（description）、体现（representation）、架构（architecture）、概念性工具或模型（conceptual tool or model）、结构性模板（structural template）、逻辑（logic）、方法（method）、框架（framework）、反映（reflection）以及集合（set）。

（1）陈述

斯图尔特和赵（Stewart & Zhao，2000）研究了在商业模式背景下，互联网在市场营销中的作用和角色，并对商业模式做了定义，认为商业模式是关于企业如何赚钱并长期维持其利润来源的一种陈述。文章强调互联网企业如果想在未来的竞争中生存，必须为客户创造价值，必须能够找到一种使消费者愿意为企业所传递的价值支付的方式，从而借助这一方式使企业能够获取持续的利润以及较高的投资回报率，也就是说，企业必须创造出可行的商业模式。

（2）描述

阿普盖特（Applegate，2001）认为商业模式是对复杂商业的描述，通过这种描述能够认识复杂商业的体系结构、体系结构要素之间的关系以及其反映现实世界的方式。商业模式可以在从事商业活动之前建立，从而帮助企业在商业环境发生变化时做出反应。

韦尔和瓦伊塔尔（Weill & Vitale，2001）将商业模式定义为：是对一个公司的消费者、联盟伙伴和供货商之间关系与角色的描述，从中能辨认主要产品、信息与资金的流向和参与者能获得的主要利益。任何商业模式都可用参与者（包括相关公司、供货商、顾客、联盟伙伴）、关系（包括主要关系与电子化关系）与流向（包括资金流、产品流与信息流）三个要素来表示。

（3）体现

莫里斯等（Morris，et al.，2005）认为商业模式是对在企业战略、结构以及经济领域内一组相互关联的决策变量如何创造可持续竞争优势的一个简练的体现。

舍费尔等（Shafer，et al.，2005）认为商业模式体现为企业借以在价值网络中创造并取得价值的自身基础核心逻辑以及战略选择。

（4）架构

蒂默斯（Timmers，1998）认为商业模式是一个关于产品流、信息流和服务流的体系架构，其详细描述了各个商业主体以及每个主体的角色，描述了每个商业主体的潜在收益以及收益的来源。

杜波森-托尔贝等（Dubosson-Torbay，et al.，2002）认为商业

模式是企业及其合作伙伴网络的架构，这一架构是为了向一个或多个细分市场创造、营销并且传递价值和关系资本，以便产生利润并获得持续性收入来源。

（5）概念性工具或模型

罗斯特瓦尔德（Osterwalder，2004）将商业模式定义为：是体现企业如何从事商业以及赚钱的抽象概念性模型；是连接企业战略以及业务流程的中间层。

特克斯（Teece，2010）认为，商业模式详细表达了这样一种逻辑思维，通过数据和其他一些证据来支持顾客的价值主张，并通过企业切实可行的收入和成本体系来传递这一价值。

（6）结构性模板

阿米特和佐特（Amit & Zott，2001）认为，商业模式是通过对交易的内容、交易的结构以及交易的管理进行设计，从而利用商业机会来创造价值。

（7）逻辑

切斯布罗和罗森布鲁姆（Chesbrough & Rosenbloom，2002）认为，商业模式是一种启发式逻辑，企业通过商业模式可以把技术的潜在优势转化为技术的经济效益。

米格雷塔（Magretta，2002）强调商业模式解释了企业如何运作的问题。一个好的商业模式能够回答彼得·格鲁克的经典问题，即谁是顾客；顾客的价值是什么；企业如何在商业中获利；以及企业用合适的成本把价值传递给顾客这一问题的内在经济逻辑是什么。

（8）方法

阿法亚和图齐（Afuah & Tucci，2001）认为商业模式是企业获取并使用资源，为顾客创造比竞争对手更多的价值，并以此获取利润的方法。

拉帕（Rappa，2001）认为，从最基本的意义上来说，商业模式是企业通过做生意维持其自身运转，即创收的方法，并清楚地表明了企业如何通过在价值链中的定位来获取收益。

（9）框架

阿法亚（Afuah，2004）重点聚焦于企业的获利性并提出了一个战略性框架，在这一框架内对商业模式进行了概念性界定，认为商业模式是一组决定企业获利性的要素。这些要素的框架包括：资源、行业因素、活动以及定位。通过将商业模式概念化为一组影响企业获利性的要素，阿法亚将商业模式同企业绩效联系起来。

（10）反映

卡阿德斯-马萨内尔和里卡特（Casadesus-Masanell & Ricart，2010）提出了一个概念性框架分析商业模式和企业的战略模式的区别和联系，在此基础上对商业模式进行定义，认为商业模式是企业如何实现其战略的反映。

（11）集合

西洛斯和梅尔（Seelos & Mair，2007）研究了在极度贫困背景下的价值创造机制，认为商业模式是一组能力的集合，通过对能力的有效配置使得价值创造能够与经济或社会战略目标相一致。

上述内容只是从整体上介绍了目前较为流行的一些有关商业模式的定义。从上述定义可以看出，虽然不同学者关于商业模式概念定义的角度不同，但也有一些共同的看法，比如商业模式既试图解释价值的创造，又力图解释价值的获取；都认为商业模式是除了产品、企业、行业、网络这四个层次之外的另一个分析因素。

根据研究对象和研究重点，本书所强调的新商业模式主要是从产业层面分析智能电动汽车产业发展。这与以往以企业为研究对象的商业模式创新不同，是侧重于整体产业链，描述智能电动汽车价值网络所包含的主体以及每个主体的角色，通过这一架构向一个或多个细分市场创造、营销并且传递价值，支持顾客的价值主张并为架构内各个主体创造利润，使其获得持续性收入来源。与此类似，新业态是指基于不同产业间的分化、融合、行业跨界整合以及嫁接信息及互联网技术所形成的新型商业形态。

第二节　商业模式的构成要素

商业模式的研究学者在不断探索其内涵的同时，也致力于其构成要素的研究，很多学者甚至直接用商业模式构成要素来界定商业模式的内涵。目前，不同学者基于研究视角和研究对象的差异，对商业模式构成要素的认知也不尽相同。舍费尔等（Shafer，et al.，2005）研究发现，1998—2000 年发表的论文中所包含的 12 种商业模式定义中，共体现了 42 个不同的商业模式构成要素，表 2-1 列举部分具有代表性的商业模式构成要素观点。

表 2-1　代表性的商业模式构成要素

来源	构成要素（一级）	构成要素（二级）
马哈德万（Mahadevan，2000）	价值流、收入流、物流	—
斯图尔特和赵（Stewart & Zhao，2000）	利润流	顾客选择、价值获取、差异化和战略控制、范围
阿尔特和齐默曼（Alt & Zimmerman，2001）	使命、结构、流程、收入、法律义务、技术	使命：目标、愿景、价值主张、结构；主体和治理、聚焦流程；顾客导向、协调机制。收入：收入来源、商业逻辑
奥斯特瓦尔德（Osterwalder，2004）	价值主张、客户细分、合作伙伴网络、分销渠道、收入来源	客户关系、价值配置、能力、成本结构

从表 2-1 中可以看出，学者对商业模式构成要素的界定方法主要有两种：一级要素和二级要素。一级要素界定法指商业模式的构

成要素仅为单独的一级；二级要素界定法指商业模式的构成要素包含两级，第二级要素是对第一级要素的进一步说明和解释。另外，表 2-1 也清晰地显示，不同学者关于商业模式构成要素有不同的看法和观点，总体来看，这些观点既有不同点，同时也存在着很多相似性。企业的产品（或提供的价值）、收入来源（或利润模式、收入机制等）、价值主张、市场细分、价值网络、客户关系等是众多研究共同强调的构成要素。

第三节　商业模式的创新

商业模式的构建或创新是商业模式研究的主要目的，而商业模式的概念和构成要素是研究商业模式创新的基础。近年来，在商业模式概念、构成要素等研究内容的基础上，越来越多的学者开始关注商业模式创新。综合已有商业模式创新相关文献可以看出，目前国内外的研究主要集中在商业模式创新的动力、商业模式创新的阻力、商业模式创新的分类、商业模式创新的内涵和要素、商业模式创新的路径或方法、商业模式创新的实施以及商业模式创新的评价等方面。

在商业模式创新方法的研究方面，原磊（2007）提出了“3—4—8”商业模式构成体系，并在此基础上提出商业模式创新可以遵循的三种基本路径：基于价值模块的商业模式创新路径、基于界面规则的商业模式创新路径和基于二者混合的商业模式创新路径。索斯满（Sosna，et al.，2010）基于动态的观点，强调商业模式创新是一个不断试错的过程，提出通过试验—错误—试验的学习过程来实现商业模式创新。德米尔和勒科克（Demil & Lecocq，2010）基于资源、能力、组织、价值主张框架（RCOV）提出动态和静态相结合的商业模式创新方法。

第四节　商业模式的评估

目前，有关商业模式评估的研究相对较少，已有的研究主要侧重于从具体行业或企业的角度出发，分析和评估商业模式。常等（Chang，et al.，2015）以中国台湾地区的电子书（e-book）行业的商业模式为研究对象，在明确评估标准的基础上，采用模糊层次分析（FAHP）方法对评估标准的权重进行确定，并整合多准则妥协解排序法（VIKOR）、灰色关联分析法（GRA）、逼近理想点排序法（TOPSIS）对备选的三种商业模式进行评估排序。马迪纳等（Madina，et al.，2016）采用成本收益法对几类充电基础设施商业模式的参与主体进行评估，并采用比较法对消费者的电动汽车使用成本和传统汽车的使用成本进行比较，基于为消费者创造价值并能使参与主体获益的双重衡量标准对现有的商业模式进行评估。

总体来看，目前国内外对商业模式创新的研究仍处于探索性研究阶段，研究内容较为散乱，尚未出现较为成熟和权威的理论内容和方法，尤其是结合具体国家或地区、具体产品或行业来研究商业模式创新的更为少见。

第三章　技术创新背景下的产业升级与商业模式创新

1773 年，亚当·斯密在《国民财富的性质和原因的研究》一书中提出，促进经济增长的因素中技术的改进功不可没。熊·彼特（1912）认为，重大的技术创新活动会导致社会产业发生革命性变革。同时，产业的升级创新不仅需要技术创新，也需要与之相匹配的商业模式。特别是在发展初期，商业模式成为推动新产品市场扩散并获得初始优势的重要途径，具有推动产业变革的潜力。基于此，本章对技术创新背景下的产业升级与商业模式创新的相关内容进行研究。

第一节　技术创新对产业升级变革的重要意义

学者普遍认为，技术创新是推动产业变革的关键动力（Guo，et al.，2016），是产业产生和发展的先导（马云泽，2006）。特别是在互联网技术背景下，不同行业的技术创新与互联网相融合，催生新模式、新业态，促进业态之间的相互渗透、相互交叉，并引发产业战略调整和转型（唐德淼，2015）。格伦茨（Greunz，2004）在制造业领域，对多个国家的产业结构调整数据进行分析，得出技术创新是其调整后升级的主要原因。

目前，以技术创新为动力的产业升级已成为我国产业发展的关键性问题，对战略新兴产业的培育是推动我国经济发展方式转型的关键（刘志迎和李慧，2009）。同时，一些学者认为，技术赶超是国家经济赶超的基础，但成熟的技术轨道并不存在赶超的机会，只有在技术变革的过程中，技术-范式的转换才能带来赶超的机会窗口。从长波中产业技术赶超的特征事实来看，有效的赶超除了需要取得新兴技术的突破之外，更重要的还是在范式转换过程中构建适应性的社会政治框架来消化新兴技术的潜能（张国胜，2013）。特别是对于战略性新兴产业而言，大多数学者认为战略性新兴产业发展的关键在于产业核心技术的突破性创新（杨宏呈，2013）。

第二节 商业模式创新对产业升级变革的重要意义

从历史上每次技术革命和产业革命的演变过程看，新业态和新商业模式的大量出现，是技术革命引发新产业革命的传导机制。特别是在信息技术发展的背景下，互联网技术通过与其他行业技术创新的融合发展，推动商业模式的创新，并进而推动传统产业链的延伸、拓展以及新兴产业的发展。

（1）从商业模式创新的意义看：随着国内外市场竞争的加剧以及知识经济的到来，企业的研发力度不断增大，随之而来的是各类创新性技术和产品的不断涌现，但其中真正能实现商业化并创造出预期价值的技术和产品却较少。严格来讲，技术本身并没有唯一确定的客观价值，隐藏在技术内的经济价值需要通过商业模式以某种形式实现。同样的技术如果商业化的方式不同，产生的经济价值也不同，对消费者的需求满足也不尽相同。实际上，一项普通的技术创新如果能借助好的商业模式，其创造的价值可能要大于一项好的技术但却依靠的是平庸的商业模式。

（2）从商业模式创新的必要性看：通常来讲，如果一种技术创新是连续性创新，是对现有产品版本的改进或质量的提升，那么凭借原有的基础设施仍然可以使新产品进行正常的商业化运营，对于这种新技术一般不需要进行商业模式创新。然而，如果创新属于非连续性创新，那么围绕新产品的基础设施、能源供给等都会发生根本性变革，这些变革对市场规则、竞争态势具有决定性影响，甚至会导致产业重新洗牌，这样传统产业的商业模式将不再适用于创新产品，从而需要商业模式创新。根据技术锁定理论，技术锁定是一种路径依赖，这种依赖往往起源于某一偶然性的历史事件，使得技术获取初始的市场优势。这种初始市场优势通过自我强化机制产生“滚雪球”效应，最终使该项技术获取市场的主导地位，从而使社会广泛认可该技术。而通过商业模式创新能够建立新产品或新产业的自身强化机制，弱化并逆转传统产业的自我强化机制。

第三节　技术创新对产业升级的影响机制和路径

1. 不同技术创新对产业升级的作用机制

通常，企业在研发投入不断增加和市场需求引导的共同作用下，会对生产要素和技术进行革新。根据技术革新程度的差异，可将其划分为破坏性创新和连续性创新，不同方式的创新对产业升级的作用机制不尽相同。

（1）破坏性创新与产业升级变革

破坏性创新是指创新打破了原来的技术发展路径，原有的技术范式和技术轨道发生转移和替换，企业已有的价值网络发生变化，甚至会引发整个行业的主导逻辑发生变化。破坏性创新是建立在不同科学原理基础之上的潜在的全新技术应用。破坏性技术创新经常会给现有企业带来颠覆性冲击，是新创企业成功进入市场的基础，可能导致整个产业重新洗牌（李强和郑江淮，2011）。通常，破坏性创新是一种产生全新思想的方法，建立在新的科学发现基础上，其手段是突破性的方法和力量，会对现有技术形成负面冲击，破坏其市场价值，从而改变商业环境，直至创造新的市场和产业

（Christensen & Wells，2012）。

可以看出，破坏性创新往往使以往的技术累积过程中断，转轨后的新技术范式会带来全新的技术发展空间。破坏性创新会引致产品开发的不连续性，即产品品质变化的不连续性；破坏性新产品将为企业开拓一个全新的顾客市场，将引起市场的巨变，导致原有产品的需求减少，最终会引发新的产业对原有产业的代替或者淘汰，从而使产业得到升级。即破坏式创新主要是通过新产品的引入、扩大产品的种类及产品的革命性升级来实现。

（2）连续性创新与产业升级变革

连续性创新则是对现有产品设计的一种提炼和延伸，指的是利用新技术对现有的产品或者工艺进行扩展，是一种沿着既有轨道的创新活动。即连续性创新是遵循业内技术发展规范所指明的技术轨道进行的线性的创新活动。是一种沿着主流市场中主要顾客的需求曲线不断提高产品性能或性价比的活动，可体现为一个创新主体在长期的生产、学习和开发中进行知识积累的过程。企业通过渐进式创新对已有的产品或者工艺进行改良，使其产品在质量、外形、功能等方面不同于其他产品，与竞争对手进行差异化竞争。不同的企业为了保持其自身的竞争力，就会形成企业间相互赶超式的渐进式创新，从而带动产业的技术进步和升级。

2. 技术创新推动产业升级的路径

20 世纪 80 年代以来，随着演化经济学的发展，一些学者开始从动态、演化的视角来探讨技术创新促进产业演化的过程和机制。其中，最具代表性的研究成果是艾伯纳西和厄特巴克（Abernathy & Utterback）提出的产业创新动态过程模型，即 A-U 模型。该模型认为，企业的产品创新和工艺创新是相互关联的，企业的创新类型及创新频率取决于企业所处产业的成长阶段。在产业发展的早期阶段，企业的创新焦点在产品创新上；随着主导设计的出现，产业进入过渡阶段，此时企业的创新重点转向了工艺创新；当产业发展进入稳定阶段，企业的创新活动则以渐进性产品创新和工艺创新为主。根据上述对技术创新、产业升级研究范围的界定，本书拟从行业层次和产业链的角度探讨技术创新对产业升级的作用路径。

（1）技术创新—传统产业的新兴化—产业升级

技术创新一方面能够促进新兴产业和部门的形成，另一方面也可以通过技术的扩散与传播促使传统产业的技术水平得以提升，进而促进产业升级。

首先，传统产业的新兴化是指将技术创新成果运用到传统产业的生产中，使得传统产业或部门通过采用新的技术、工艺和装备来提升其技术水平，提高产业的生产效率和生产能力，并推动原有产业部门和产品的更新换代，甚至推出新产品。

其次，传统产业技术的革新和装备的改良不仅会提高产业的劳动生产率，而且会降低产业的生产成本，提高产业利润率。由于资本的趋利性，物力和人力资源会大量地涌向该产业。同时，在同一产业内，由于某种技术创新带来的成本降低会在产业内部快速扩散和吸收，使更多的资源留在有发展潜力的产业中。

再次，技术创新促使传统产业新兴化主要在于将高新技术产业的先进生产技术注入传统产业中，并加快传统产业对先进技术的吸收和转化，从而使传统产业技术创新突破原有的技术框架，开发新的技术进步路径，创造出新的高附加值产品。

（2）技术创新—新兴产业发展—产业升级

新兴产业是指随着新技术创新成果和新技术的发明与应用而出现的新的部门和行业。它既指现有生产中采用全新技术范式的已有生产部门或行业，也指随着技术创新成果的应用而产生的新生产部门。新兴产业的产生是技术进步的重要体现，也是社会需求对生产系统提出的新要求。

突破性技术创新的发展，一方面，会使已有产业主导技术在原有技术轨道上出现重大技术创新，并会对该产业造成“创造性破坏过程”，导致产业突变；另一方面，新的科学原理在产业化上取得巨大成功，并与社会需求全面对接，会引致新产业出现。也就是说，技术创新能够通过引进新的生产要素组合，促进新兴产业的形成，同时也会通过技术成果的运用加快新兴产业的培育和发展。新兴产业的出现，往往会带动上下游关联行业的形成，进而会形成一个新的产业集群，行业间产业关联的加强，有利于技术扩散、传播，从而会提高技术创新成果的规模化收益。

产业融合是指不同产业或同一产业内的不同行业相互渗透、相互交叉，最终融为一体，逐步形成新产业的动态发展过程。技术创新在不同产业间的扩散和应用引发了溢出效应，促使许多技术组合在一起发生复合效应，进而促使技术融合现象产生。各产业通过引进、学习新技术，对本产业的技术进行改造，并促使其与原有的技术相融合，创造出新工艺、开发出新产品。

（3）技术创新—产业融合—产业升级

由于经济的复杂性越来越高，随之而来的就是各产业之间的相互渗透率也越来越高，产业之间呈现的是相互交叉的多层次网状结构。这使得一个产业的升级带动的是整个网状结构的变动。如果在一条产业链中，只有某个环节的生产率提高了，而其他环节保持不变，这样必然会限制产业升级部门的发展。在市场隐形的力量中，先升级部门会对上游或者下游部门产生压力并带来技术创新的动力。一旦突破了瓶颈，整条产业链才能真正实现升级。周而复始，不断有新的技术创新出现，然后通过前向、回顾、旁侧等作用，带动整个产业及相关产业的升级。因此，经济增长中的产业升级过程，也是技术创新诱导，然后不断突破产业瓶颈的过程，是单个先升级的产业与相关联的产业复合增长的过程。

综合来看，技术创新对产业升级的作用机理可用图 3-1 阐述。

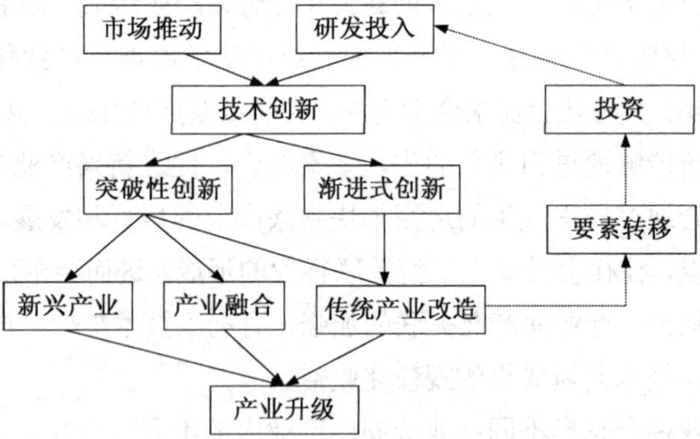

图 3-1 技术创新对产业升级的作用机理

第四节 技术变革、商业模式创新与新兴产业成长

虽然技术创新能够推动新兴产业的发展，进而实现产业升级，但技术创新与新兴产业的发展并非一帆风顺。技术创新是推动新兴产业成长的动力，但并非唯一动力。在很多情况下，仅有技术创新并不能完全实现产业的升级。只有当技术—经济范式发生转换，即形成了与新技术相适应的最佳商业模式，新兴产业才能取代传统产业，成为整个经济系统的主导。

1. 技术变革与商业模式创新

如前所述，能够推动新兴产业发展的创新往往是破坏性创新，而原有的商业模式范式无法满足这种创新发展的需求。因此，技术创新的演化以及由此带来的新兴产业发展需求必须在一个新的商业模式中展开，开拓出适合新兴产业的最优模式，即需要推动商业模式创新或范式转换。在实践中，产业变革背景下的商业模式创新可表现为相互联系的三个层次：新兴技术体系在生产领域的出现与扩散；新的“最优模式”能够最好地利用这些新技术；新的“最优模式”是组织与制度的一套“常识性”原理。具体来讲，新兴产业发展过程中的范式转换可以分为三个阶段（张国胜，2013）。

（1）萌芽期

在萌芽期，新兴产业由于技术创新的推动，产品刚刚问世，与传统产业相比，市场竞争力仍显不足，生产规模较为有限，基础设施配套不完善，因此，需要很长的时间才能获得利润，绝大多数的经济主体很难相信已有的商业模式已经失效，并且由于既得利益等原因造成的主体惰性，萌芽于原有商业范式中的技术创新与新兴产业在发展初期会面临诸多障碍。

（2）形成期

伴随技术创新的演化、技术的不断成熟、创新产品的市场扩展不断推进，技术变革开始孕育越来越多的成功例子，一些进入新兴产业的企业主体开始盈利，如此，在追求更高利润的行为动机引导下，新的商业模式便开始了自我强化的扩张。此时，尽管社会已集体意识到商业模式创新的需要，但由于过去成功与既得利益的影响，社会制度和经济法规仍具有很强的路径依赖，单纯依赖新商业模式的自我强化还不足以快速推动模式的全面转换。因此，支持传统商业模式的制度框架与技术变革、新兴产业发展的要求之间会出现越来越严重的失衡。如果没有行之有效的方法，技术创新与新兴产业发展只能在漫长时间与高昂社会成本下缓慢推进；相反，如果新的商业模式能够迅速、全面展开，技术创新与新兴产业将迎来前所未有的高速发展。

（3）发展与成熟期

在该时期，新的商业模式已经形成，技术创新与新兴产业开始稳步发展，传统产业在该时期将被新兴产业代替，且新的商业模式将完全取代原有占主导地位的范式，成为社会普遍常识。

2. 商业模式创新产业赶超

在商业模式创新的过程中，伴随技术轨迹的变化，原有的行为规则、组织原理与社会意识都将发生转换，这将导致该行业的全球竞争格局发生深刻变化。伴随着新兴产业的发展与形成，新的主体将进入，原有的一些主体将被迫退出新商业模式，新的领导者、赶超者与落后者不断产生，这就为发展中国家的产业技术赶超提供了难得的机会窗口。

在这个过程中，传统产业商业模式的既得利益者和主导者将不得不放弃原有的既得利益、更新前一模式中成功的行为规则与组织原理。这是一个“毁灭性”的过程，领先者必须付诸很大努力才能适应新的模式。但对于新进入者而言，由于没有前一模式的约束，可以相对容易地引入广泛的变革。

现状篇

本篇旨在对我国目前“智能+电动”汽车的发展现状进行整体性的研究，包括发展的意义、基于政府角度所提出的发展技术路线、基于企业角度考察不同厂商的发展现状。在此基础上，重点对目前“智能+电动”汽车的商业模式创新现状进行分析。

其中，电动汽车的商业模式创新正在如火如荼地展开，涌现出不同的商业模式，本篇对主要的商业模式进行了汇总。而智能汽车研发由于尚处于起步阶段，还未进入产业化，整体还处于技术探索阶段，因此，其商业模式创新还未大规模展开。由于智能汽车的商业模式创新从根本上而言，是由技术创新所引发和推动的，鉴于此，本篇基于专利和共词分析法两个方法从实践和理论两个角度对目前智能汽车技术的研究重点进行分析、探讨，在此基础上分析技术创新背景下智能电动汽车商业模式未来创新的趋势。

第四章　我国“智能+电动”汽车发展现状

本章重点结合电动化和智能化两个技术创新趋势，从发展意义和发展路线两个角度对我国电动汽车和智能汽车的发展现状进行研究分析。

第一节　我国发展智能电动汽车产业的重要意义

汽车产业是推动新一轮科技革命和产业变革的重要力量，是我国国民经济的重要支柱。从全世界范围看，电动化和智能化已成为汽车产业未来的发展方向。2017 年 4 月 25 日，工信部、国家发展改革委和科技部发布《汽车产业中长期发展规划》，明确将新能源汽车和智能网联汽车作为我国汽车产业的重点突破领域，引领产业转型升级，这是我国汽车产业进入转型升级、由大变强的战略机遇期。具体来讲，我国发展智能、电动汽车的重要战略意义包括以下几个方面。

1. 提高能源战略安全

能源供应和安全直接关系到我国现代化建设的全局。2014 年，国务院办公厅发布《能源发展战略行动计划（2014—2020 年）》，明确提出“十三五”期间是能源发展转型的重要战略机遇期，保障能源安全的压力进一步加大，应严格控制能源消费过快增长，着力发展清洁能源和提高能源使用效率，提出应积极发展电动汽车，以实施交通燃油替代。

电动汽车本身以电驱动取代传统汽油燃料，通过实施能源替代在很大程度上减少了交通工具对石油的依赖和消耗。同时，智能汽车采取智能化控制，使得车辆在智能运行状态下的油耗能够实现最优化，且通过精确定位和出行路线的智能计算等方式，实现了智能交通模式下的油耗节省，大大提高了能源利用效率。另外，从技术上而言，电动化和智能化是密不可分的，具有一体化的特点，以电动汽车作为平台可以把智能化、网联化技术做很好的推进；智能网联技术也能更好地解决电动汽车的充电、节能等问题。两者的有机结合将更好地推动我国能源战略的实施。

2. 缓解环境压力

生态文明建设是我国的国家战略，但目前生态环境仍是我国全面建成小康社会的突出短板。“十二五”期间，我国 78.4%的城市空气质量未达标，公众反映强烈的重度及以上污染天数比例占 3.2%。城市空气质量的恶化在很大程度上与传统汽车的大量使用有关。在此背景下，发展智能电动汽车对于缓解环境压力、改善空气质量具有重要意义。2016 年 12 月，国务院发布《“十三五”生态环境保护规划》，要求提高公共车辆中新能源汽车占比，加快城市新能源汽车充电设施建设，继续实施新能源汽车推广政策。

3. 助推我国制造业的转型升级

制造业是我国国民经济的主体，打造具有国际竞争力的制造业是提升综合国力的必由之路。围绕实现制造强国的战略目标，《中国制造 2025》明确了 9 项战略任务和重点，其中就包括新能源汽车，明确提出我国应掌握汽车低碳化、信息化、智能化核心技术。特别是随着新一代信息技术与制造业的深度融合，智能制造正在引领制造方式的变革，智能制造成为工业化和信息化深度融合的主攻方向，而汽车行业的智能化对于我国推动智能制造的发展具有重要意义，智能制造将为智能汽车的实现提供技术支撑；此外，智能汽车的使用者同时也将成为大规模定制化生产的需求端，从而拉动汽车产业向智能制造加快升级转型。

第二节　我国发展智能电动汽车的技术路线

“2016 中国汽车工程学会年会暨展览会”于 2016 年 10 月 26 日在上海召开，国家制造强国战略咨询委员会委员、清华大学教授欧阳明高作为代表正式发布了《节能与新能源汽车技术路线图》。该路线图由 500 位相关专家历时一年完成，主要包括节能与新能源汽车总体技术路线图以及节能汽车、纯电动和插电式混合动力汽车、燃料电池汽车、智能网联汽车、汽车制造技术、动力电池技术、汽车轻量化技术等 7 项专题技术路线图。

1. 总体思路

我国智能网联汽车发展路线的总体思路如下：

——近期：推进以自主环境感知为主、网联信息服务为辅的部分自动驾驶（即 PA 级）应用；

——中期：重点形成网联式环境感知能力，实现可在复杂工况下的半自动驾驶（即 CA 级）；

——远期：推动可实现车与外界的信息交换（V2X）协同控制、具备高度/完全自动驾驶功能的智能化技术。

我国智能网联汽车的路线图包含两个方面：智能化和网联化。智能化方面，中国的五级划分是参照了美国汽车工程师学会的 L1—L5 的划分，但是也因为中国的情况不同，比如道路状况以及拥挤情况等等，所以会有一些不同的特点。网联化方面，也做了三级划分：网联辅助信息交互、网联协同感知、网联协同决策和控制。

2. 时间进度

从时间节点来看，我国智能网联汽车发展也将遵循智能化和网联化的层层递进。从现在到 2025 年是起步期，2025—2030 年是发展期，2030 年以后是高速发展期。

表 4-1　我国智能网联汽车发展进度表

2016 年	基于自主环境感知的单项驾驶辅助功能（DA），大规模运用
2018 年	以自主环境感知为主、网联信息服务为辅的部分自动驾驶（PA）应用
2020 年	融合自车传感器和网联信息，可在复杂工况下的半自动驾驶（CA）
2025 年以后	可实现 V2X 协同控制，完成高度/完全自动驾驶功能（HA/FA），在 2030 年左右实现一定规模的产业化应用

在产业化方面，将遵循以下时间进度：

——至 2020 年，汽车产业规模达 3000 万辆，驾驶辅助/部分自动驾驶车辆市场占有率达到 50%；

——至 2025 年，汽车产业规模达 3500 万辆，高度自动驾驶车辆市场占有率达到约 15%；

——至 2030 年，汽车产业规模达 3800 万辆，完全自动驾驶车辆市场占有率接近 10%。

从整个路线图来看，要实现智能网联汽车的顺利发展，还需要突破各项技术并熟悉各类政策法规。

3. 技术重点

（1）智能汽车技术重点

开展以环境感知技术、高精度定位与地图、车载终端机人机接口

（HMI）产品、集成控制及执行系统为代表的关键零部件技术研究。

开展以多源信息融合技术、车辆协同控制技术、通信与信息交互平台技术、电子电气架构、信息安全技术、人机交互与共驾驶技术、道路基础设施、标准法规等为代表的共性关键技术研究。

其中的关键性技术（地图技术、通信技术等）无法直接应用国外的先进技术，因为所面临的整体环境不同，需要国内的厂商进行自主研发。正因如此，目前国内的众多车企以及相关的互联网公司正在抓紧进行研发工作。

（2）电动汽车技术重点

根据《节能与新能源汽车技术路线图》，未来我国纯电动与插电式混合动力汽车的技术重点是：低成本、高效率混合动力总成开发技术，动力电机与底盘集成技术，纯电动汽车动力系统集成及其控制技术，高性能动力电机技术，新型电机控制器技术，先进充电技术，整车智能能量管理技术，纯电动和插电式混合动力汽车整车控制技术。

燃料电池汽车未来技术研发重点是：新型燃料电池核心材料，先进燃料电池电堆，关键辅助系统零部件技术，高性能燃料电池系统，混合型燃料电池动力系统，制氢、运氢、储氢及加氢基础设施。

第三节　我国主要汽车厂商智能电动汽车发展现状

目前，我国许多汽车厂商都已经开始进行传统汽车智能化和电动化的升级转型，本节选取了国内几大厂商，分别对其电动汽车和智能汽车的发展现状进行介绍和分析。

1. 上汽

（1）汽车电动化发展

从规划上看，上汽从一开始就瞄准了新能源汽车电池管理系统、电驱变速箱、电控这“三电”核心技术，现在已成为国内为数不多的能够在插电强混、纯电动和燃料电池这三条技术路线上并进的公司。2015 年，上汽集团正式发布“芯动战略”。“芯动战略”以“蓝芯”和“绿芯”两大技术品牌为支撑，“绿芯”是指未来的新能源汽车核心科技，包括纯电动车、插电式混合动力车以及燃料电池车等，上汽希望能够在新能源汽车领域走在全国的前列。2017 年，上汽集团对未来汽车行业提出了“新四化”的发展方向，即指明“电动化、网联化、智能化、共享化”趋势。今后几年，上汽集团预计新能源汽车数量将超过 40 款，形成技术领先、有竞争力的产品阵营，到 2020 年，上汽集团新能源汽车的目标年销量将突破 60 万辆，其中，自主品牌新能源汽车销量达到 20 万辆。[①]

从研发投入看，从 2009 年到 2015 年，上汽集团在新能源汽车方面的研发投入已超过 60 亿元，拥有超过 1000 名针对新能源汽车的研发团队，其中，在自主品牌的电控系统方面就有超过 200 名专业技术人员，来专门从事电机、电控和电池的研发。[②]“十三五”期间，上汽新能源研发总投入将达到 200 亿元。

从车型上看，目前，上汽已向市场推出多款电动汽车。2010 年 12 月，上汽推出荣威 750 的中混技术路线混合动力轿车；2012 年 11 月，推出荣威 e50 纯电动轿车；2013 年底推出荣威 e550 混合动力轿车；2016 年推出荣威 e950 B 级插电式混合动力产品、2016 款 e550、2016 款 e50 以及荣威 eRX5 四款电动车型。

从销量上看，2015 年电动汽车销量为 11123 辆，2016 年超过 2 万辆，其中大部分为荣威 e550 车型，总体销量在国内各厂商中排名第四。

① 资料来源：http://www.zhev.com.cn/news/show-1446603887.html。

② 数据来源：http://www.d1ev.com/41989.html。

（2）汽车智能化发展

从合作网络看，上汽在智能汽车领域目前最主要的合作企业是互联网企业阿里巴巴。2014 年 7 月 23 日，上汽集团与阿里巴巴集团在上海签署“互联网汽车”战略合作协议。双方将开展在“互联网汽车”和相关应用服务领域的合作，共同打造面向未来的“互联网汽车”及其生态圈。2015 年 3 月，上汽集团与阿里巴巴集团的合作迈出了实质性的一步，双方宣布，共同出资 10 亿元设立“互联网汽车基金”，并组建合资公司，专注于互联网汽车的技术研发。该合作将集成阿里巴巴集团的阿里云系统（YunOS）操作系统、大数据、阿里通信、高德导航、阿里云计算、虾米音乐等资源和上汽集团的整车与零部件开发、汽车服务贸易等资源，开放融合互联网和大数据，围绕用户的车生活，整合双方线上线下资源，为用户提供智慧出行服务。

从车型上看，2016 年，阿里与上汽联合推出国内首款互联网 SUV 荣威 RX5，搭载 YunOS 系统。截至 2016 年底，荣威 RX5 订单已超过 10 万辆，其中 70%以上都是互联网汽车。[①]荣威 RX5 目前已正式推出插电式混合动力版，纯电动版也即将上市。

从规划上看，上汽集团已经建立了智能网联汽车自主研发体系，正在积极推进智能网联汽车的产业化进程。目前，上汽自主研发的智能驾驶汽车已经进入第二代，其整个核心部件、零部件、指标定义、供应商选择、软件供应开发，上汽都拥有完全的自主知识产权。2020 年之前，部分场景下的无人驾驶功能将在上汽的量产车上得到应用；到 2025 年，上汽智能网联汽车将实现全环境下自动驾驶。

① 数据来源：http://www.thepaper.cn/newsDetail_forward_1553767。

2. 吉利

(1) 汽车电动化发展

从技术路线上看，吉利采取“多线并举”的技术发展路线，各个领域均有涉及。在新能源汽车发展初级阶段，由于全球汽车产业对于新能源的认识尚未形成类似传统内燃机一样统一的认识。基于此，吉利着力开展面向市场、面向未来、多种形式并举的开发模式。其新能源战略的特色就是坚持两手抓，一手抓的是对传统内燃机技术的挖潜和改良；另外一手就是不放松对新能源技术的研究与创新。同时，吉利还坚持“多线并举”的技术发展路线，所研发和生产的产品涵盖了纯电动、油气混合、油电混合、智能启停等多种类型。

从规划上看，2015年底，吉利宣布未来五年，吉利汽车会从一个传统燃油车企全面转型为新能源车企，其产销中的90%将是新能源车型，到2020年，吉利新能源汽车产销要超过100万辆。在具体规划中，吉利将重点依托纯电动、插电式混动和油电混动三条技术路线，打造中高端纯电动汽车FE平台、小型专属纯电动汽车PE平台以及紧凑型模块化构筑平台（CMA）中级车模块架构。FE纯电动平台，主打帝豪纯电动系列，打造高性能、中高端纯电动车；PE纯电动平台，主打小型车新能源系列，也就是轻量化、智能化、高性价比小型纯电动车。[①]

从销量上看，吉利电动汽车销量在国内排名靠前，2015年电动乘用车销量达到26554辆，2016年增加为49218辆，增幅达到85%，全国排名第二。[②]从车型上看，吉利帝豪EV2016年销量为17181辆，在全国各电动汽车销量中排名第六。[③]

---

① 资料来源：http://www.askci.com/news/chanye/2015/11/24/115228ohsc.shtml。

② 数据来源：http://www.wsche.com/new/xnyphb/2017020468876.html。

③ 数据来源：http://news.mycar168.com/2017/01/435906.html。

（2）汽车智能化发展

吉利是我国较早开始智能汽车研发的企业，2010 年，吉利收购沃尔沃之后，陆续投入 100 亿美金用于智能汽车的研发。目前，吉利智能汽车技术的应用规划主要分三个大方向。①

一是多向通讯。主要强调车内状况数据的对外传输、车辆之间通讯数据的传输、车辆与交通部门道路信息的传输、智能导航及车辆和道路监控设备信息的传输。

二是系统自我学习能力。主要针对采集用户驾驶习惯数据、评估用户驾驶习惯、改进用户驾驶习惯三个方面。

三是从娱乐、导航、通讯、安防等方面增加新功能。如娱乐系统增加大众点评、在线新闻，导航增加实时路况，安防主要是增加防盗报警、紧急救援、车况提醒、远程控制、个性化设置等功能，这是吉利 2.0 版车联网规划的主要方向。

吉利后期会更多地关注自动驾驶技术研发，特别是主动式远光灯控制技术，希望能实现光型的变化。在驾驶辅助系统方面，希望能做到系统集成，由单一的自动控制功能向多功能组合方面发展。吉利希望在 2020 年之前实现自主研发汽车在高速公路上可自动驾驶。

3. 北汽

（1）汽车电动化发展

从发展路线看，北汽集团 2009 年成立北汽新能源公司，其更多地聚焦于纯电动汽车的研发和生产。

从销量上看，如图 4-1 所示，2012 年以来，北汽新能源汽车销量增长迅猛，2015 年北汽新能源乘用车销量为 17060 辆，2016 年增加为 46420 辆，增幅高达 172%，在国内排名仅次于比亚迪和

---

① 资料来源：http://auto.huanqiu.com/roll/2015-07/6831726.html。

吉利。[1]但若仅从纯电动汽车的销量看，北汽的纯电动汽车在国内销量目前排在首位。

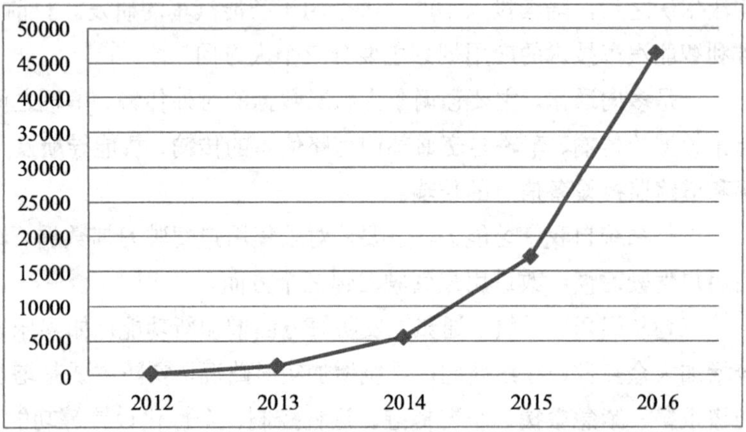

图 4-1　2012—2016 各年度北汽新能源汽车销量（单位：辆）

（2）汽车智能化发展

北汽智能汽车技术主要分为两个层面。

一个是面向产业化开发，车道偏离、半自动泊车、自适应巡航、前撞预警、车道保持、车道偏离的预警辅助功能，已实现出厂智能汽车上搭载；主动刹车和自动泊车功能可能还需一段时间，目前处于预研阶段，预计到 2020 年能够搭载到车上；另外，高速的自动驾驶、车间通讯协调控制、路径规划综合控制等，北汽也在做一些前瞻性研究，目标是 2020 年把这些子系统搭建到车上，下一步再去考虑真正的无人驾驶。

二是车联网技术，主要分三步走，车联网 1.0 实现车联网平台和呼叫中心系统；车联网 2.0，除平台外，还有服务团队提供信息支持；车联网 3.0 可能要到 2020 年实现，届时将实现大数据的应用以及智能的半自动驾驶。

① 数据来源：http://shuoke.autohome.com.cn/article/558819.html。

4. 比亚迪

（1）汽车电动化发展

从技术路线看，比亚迪以混合动力为切入点，以插电式混合动力为重要渠道打开新能源乘用车市场领域，目前所研发新能源汽车以插电式混合动力和纯电动汽车为主，特别是前者。

从销量上看，比亚迪新能源乘用车销量 2014 年以来一直位居国内首位，如图 4-2 所示，2015 年比亚迪销量达到 58869 辆，2016 年增加到 100178 辆，其销量超过排名第二的吉利和排名第三的北汽的总和，但 2016 年的增速低于吉利和北汽。

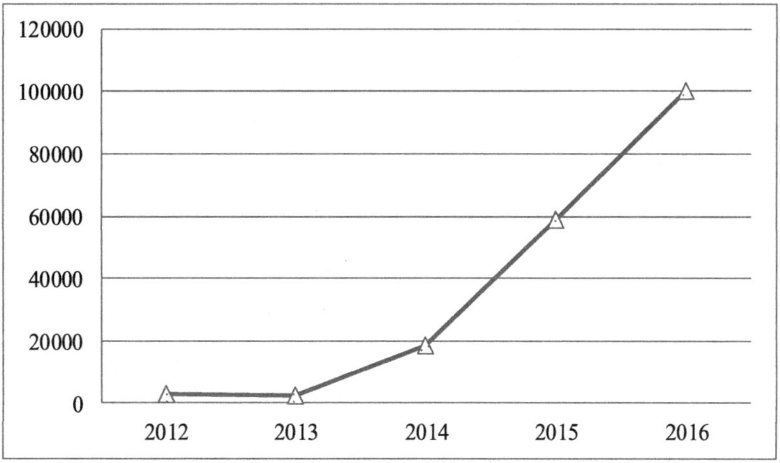

图 4-2　2012—2016 各年度比亚迪新能源汽车销量（单位：辆）

（2）汽车智能化发展

比亚迪对智能化汽车的研究也开始的较早，2014 年比亚迪已经开始与北京理工大学开展合作研发无人汽车，并致力于将安卓系统（Android）与汽车融合，2016 年，比亚迪与新思国际（Synaptics）宣布合作，重点合作研发汽车触摸控制器。截至目前，比亚迪在远程控制和云服务研发方面取得明显进展，未来包括自动泊车和自适应巡航在内的众多智能驾驶技术将逐步得到应用。

第五章 “智能+电动”汽车商业模式创新现状

目前，国内外智能电动汽车商业模式创新仍然以电动化的技术趋势为主，智能化的技术趋势对商业模式创新的影响目前仍未完全显现，但对于厂商而言，智能化的技术发展不是简单地让消费者将汽车由传统汽车更换为智能汽车，而是会带来全新的商业模式。基于此，本章将对国内以电动化技术为背景的商业模式创新现状进行分析、总结，而智能化对商业模式的影响属于技术创新对商业模式影响的范畴，因此，本章将以国内外相关企业为研究对象，分析目前智能汽车厂商的专利研发重点，从而为后续分析商业模式创新提供研究基础。

第一节 主要电动汽车商业模式创新

1. 换电租赁模式

换电模式主要强调将电池与整车所有权进行分离，从而降低消费者的购买成本。换电模式本身又可以分为两类。

（1）是以美国 Better Place 公司为代表，由第三方企业展开，消费者购买裸车，并租赁该公司电池的模式。该商业模式的目标客户群为经济型的消费者，汽车产品定位于多目标型汽车类型。价值网络为 Better Place 公司与汽车厂商合作，由汽车厂商生产并提供其所需要的电动汽车，如雷诺、尼桑、奇瑞等。分销渠道主要为线上销售，通过网络与消费者建立联系，线下的实体体验中心较少。从价值主张层面看，Better Place 公司的换电模式主要强调低购买成本和便利的充电体验。从收入/成本层面看，该模式投入成本较大，公司需要支付电池成本、换电网络建设成本以及相关的管理成本，收入则主要依赖电动汽车消费者所交纳的会员费以及相应的换电服务费。

在国内的示范运营中，较为典型的换电租赁模式为杭州市的电动出租车商业模式，由换电站运营商——杭州市电动汽车服务有限公司具体运作。在该商业模式中，电动出租车公司杭州新能源出租车公司购买整车制造商——众泰和海马的裸车；换电站运营商购买电池供应商——万向电动汽车有限公司的电池，然后将其租赁给电动出租车公司。该模式通过电池与整车所有权的分离降低了电动出租车公司的购买成本及电池维护成本；换电站运营商通过为出租车提供换电服务获取服务收入；同时，可以利用谷峰电价差异降低运营成本并获得政府的电池租赁补贴。该商业模式的综合特点为“裸车销售+电池租赁+换电”。

（2）第二类换电模式则是由整车制造商展开，如尼桑，该商业模式通过向消费者出售裸车并租赁电池来实现价值主张的创新。目标客户为私人客户，电动汽车为多用途车，分销渠道包括线上和线下两种模式，并通过电池售后维修等提高该商业模式对消费者的吸引力。

2. 整车销售模式

整车销售模式即整车制造商向终端消费者提供包含电池的整车，消费者通过支付购车成本获得整车所有权。该商业模式根据目标客户等的差异，本身又包含不同的类别。博恩扎克等（Bohnsack，et al.，2014）对全球主要车企的整车销售模式进行了分类总结，包括特斯拉商业模式、挪威小型电动汽车厂商 Think 公司、宝马、三菱、尼桑、上汽、比亚迪等。这些厂商的商业模式在目标客户、价值主张等方面都存在一定差异。例如，三菱的目标客户为经济性收入群体，最初定位于车队团体，后来向广大单个消费者提供产品，提供的产品主要为多用途汽车；宝马提供的价值主张产品主要为豪华型的特定用途车。

3. 共享租赁

共享租赁模式是目前许多厂商探索的模式，如吉利与康迪科技在杭州开展的微公交项目，上海国际汽车城与上汽开展的 EVCARD 项目等都开展了电动汽车分时共享租赁模式的探索。该商业模式的价值主张创新主要体现在便利性以及成本优势上。消费者可以在设有租还点的地方便利地租车和还车，手续简单，成本较低，使用、维修等具有较大便利性。该商业模式的目标客户仍为经济型收入群体，其分销渠道主要为线上和线下的结合。

4. 定向购买

当前示范运营中，较为典型的定向购买模式为合肥市的私人电动汽车商业模式。从市场细分看，该商业模式主要以私人使用为其主要消费市场，但其销售渠道主要采取定向销售的模式，客户主要集中于电动汽车产业链的上下游企业以及相关科研单位，而非纯粹地依赖市场渠道进行销售。从价值主张看，创新较多地体现在低成本以及充电的便利性上。在定向购买模式下，特定的消费者用车的线路和用途相对单一，充电地点固定，因此，通过在上班地点集中安装充电桩的方式可有效解决充电基础设施不完善的问题。

表 5-1 主要电动汽车商业模式

序号	商业模式	价值主张	目标客户	分销渠道	价值网络	收入/成本
B_1	换电租赁	多用途型汽车、低购买成本	经济型消费者	线上	以第三方公司（负责销售和换电）为核心+车企（提供汽车和电池）	电池成本+换电网络建设成本+管理成本/会员费以及相应的换电服务费
B_2		多用途型汽车、低购买成本	经济型消费者	线上+线下	车企自身为主	销售车辆收入+租赁电池收入
B_3	整车销售	豪华型的特定用途车到多用途型汽车	分阶段（高端收入群体过渡到经济型用户）	体验店+网络直销	全球采购生态系统	销售车辆收入
B_4		多用途型汽车	分阶段（团体消费者到经济型消费者）	线下	车企自身为主	销售车辆收入
B_5		豪华型的特定用途车	高端收入	线下（整车销售+租赁）	车企自身为主	销售车辆收入+租赁收入
B_6	共享租赁	成本较低，租还及使用较为便利	经济型消费者	线上+线下	以共享租赁公司为主+车企+充电运营商	租赁收入+充电服务收入
B_7	定向购买	多用途型汽车	特定消费者	固定分销渠道	车企自身为主	销售车辆收入

第二节 智能汽车商业模式创新探析

智能电动汽车商业模式的创新在很大程度上受技术创新影响，了解智能汽车未来技术发展趋势是分析商业模式创新的基础。因此，本节重点从理论角度对智能汽车技术发展趋势进行探讨。由于目前智能汽车商业模式创新还处于探索阶段，因此，本部分将在分析智能汽车技术重点的基础上，探讨智能汽车未来可能的商业模式创新重点。

1. 智能汽车产业链

智能汽车产业链是一个复杂、庞大的系统，不仅涉及传统汽车产业链的众多环节，还包含了许多传统汽车产业链所没有的环节和节点。特别是在物联网、能源互联网和移动互联网“三网融合”的背景下，其产业链涉及的行业更多、范围更广。另外，智能汽车本身的发展具有阶段性，美国高速公路安全管理局将智能汽车界定为5个层次，其中完全自动驾驶为Level 4，因此，智能汽车产业链需要充分考虑不同发展层次的技术内涵和特点，其产业链本身处于不断演化的状态。

目前，关于智能汽车产业链的划分方式，不同学者有不同的方法。如中投顾问产业研究中心认为智能汽车产业链包括上游终端感知层、中游数据传输层、下游平台应用层和消费者。上游的终端感知层主要包括硬件和软件两大部分。其中，硬件有车机、传感器、无线射频识别（RFID）、智能芯片、雷达、摄像头、车载电池等；软件包括人工智能操作系统、车机操作系统、导航、语音、娱乐、地图等。中游数据传输层主要是电信运营商。因为3G、4G、WIFI等各种无线通信技术是汽车系统与外界信息交流的重要手段。在汽车实现了联网之后，车与车、车与人、车与路之间的通信数据通过运营商的通信网、互联网进行传递，实现用户定制的各种服务。下游平台应用层包括整车厂商、互联网厂商、行业应用提供商。汽车生产商处于产业链核心位置，掌控力最强，他们拥有车载终端资源和汽车自身的信息，可轻松切入智能汽车的软硬件搭载，尤其是在前装市场上，车厂在前装车载系统的设计、生产、安装、测试等方面有绝对的话语权。互联网厂商的优势是在软件数据方面，其积极与车厂合作形成战略联盟，力图抓住智能汽车这个入口形成平台优势，掌握大量用户数据进行运营，如图 5-1 所示。

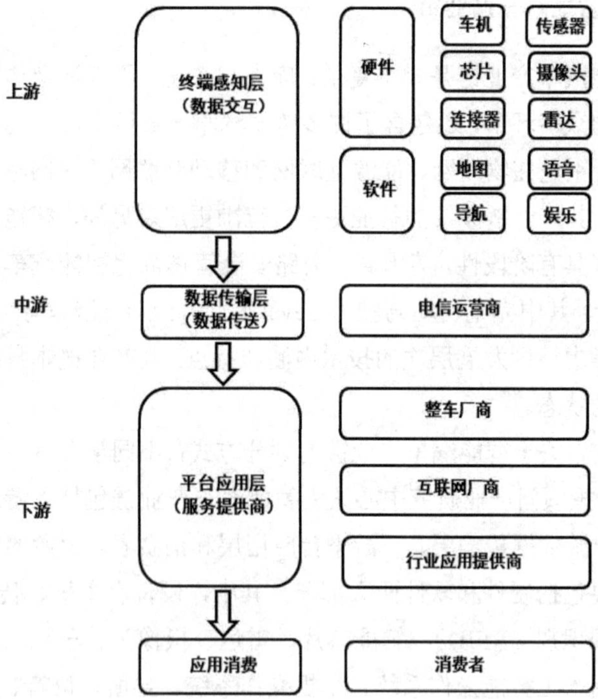

图 5-1　智能汽车产业链图

赛迪顾问立足汽车全面电动化的背景，以关键技术和零部件为标准，将智能汽车产业梳理为由三大系统、一个平台和一套总成系统构建起的产业链。其中，三大核心系统指感知系统、控制系统和执行系统，感知系统由摄像头、雷达、定位仪等传感设备组成，控制系统由芯片、处理器和算法等构成，执行系统主要由加速执行器、制动执行器、转向执行器和电子稳定系统等组成；一个平台指车联网平台，其由 3G/4G/无线等通信网络、通信终端、精确 3D 地图等组成；一套总成系统指动力总成系统，主要包括动力电池组、电机、电控等。

综合来看，智能汽车产业上下游主要包括环境感知系统、计算平台、汽车通讯、定位导航系统与路径规划系统、驾驶决策、车辆控制系统、辅助驾驶系统、整车集成、汽车运营等。

（1）环境感知

环境感知主要通过各类传感器获取路面、障碍物与障碍物间距等周围环境信息，然后将其提供给控制决策单元作为输入信息。环境感知系统相当于传统驾驶人的感知器官，是实现无人驾驶的前提与基础。

传感器作为智能汽车环境感知的入口，目前主要以激光雷达、毫米波雷达、超声波雷达与立体视觉摄像头等为主。激光雷达的穿透距离远，高性能激光雷达可以实现 200 米范围内，精度可达厘米级的 3D 场景扫描重现，从而帮助自动驾驶系统提前实现行驶路线规划。除了激光雷达之外，近年来，毫米波雷达和超声波雷达也逐渐成为自动驾驶汽车中，参与多传感器信息融合的感知设备。如特斯拉在其智能汽车中，就是采用毫米波雷达+摄像头的方案。目前，通过摄像头进行拍摄，来进行图像和视频识别，确定车辆前方环境，是自动驾驶汽车的主要感知途径，也是很多无人驾驶研发公司的主要研发内容之一。

在“物联网”发展与无人驾驶技术双驱动下，未来车载传感器将实现高速增速，未来智能汽车产业的发展，需要通过大幅度降低激光传感器成本以实现大规模商业化；并通过优化立体摄像头算法来提高辨识能力；并积极发展多传感器融合。由于不同的传感器采用的感知算法会有所区别，每一种传感器感知环境的能力和受环境的影响也各不相同。因此，将不同传感器专用功能集成到更加综合性的系统中进行筛选、融合，使传感器之间能够优势互补，最终达到提升精确性的目的，是未来无人驾驶技术的发展趋势。另外，环境感知的核心在于算法。无人驾驶通过传感器探测环境信息，然而计算机并不知道探测到的数据映射到真实环境中的物理含义，必须通过合适的算法挖掘出有价值的数据并赋予其物理含义从而达到感知环境的目的。算法将是智能汽车发展的重点技术领域之一。

（2）计算平台

智能驾驶系统的计算量、数据流较大，同时又需要较快的反应速度，因此就需要匹配合适效能的计算资源，保证计算工作的正常运行。综合来看，自动驾驶计算平台的争夺战依然主要在国际巨头之间展开，除了英伟达之外，英特尔、微软、Ceva、Mobileye、恩智浦、德州仪器、高通等芯片，IP、高级辅助驾驶系统（ADAS）供应商等，都开始参与这一领域的竞争。

（3）汽车通信

汽车通信主要可以分为两个方面：车联网系统和高精地图。车联网通常指车与车（V2V）、车与路面基础设施（V2I）、车与人（V2P）、车与传感设备的交互，由车辆广泛联网而展开各种综合应用的通信系统。车联网的构建将帮助智能汽车实现更好的技术控制。比如，在公路正常行驶的两辆汽车通过联网交换信息（V2V），能有效降低盲点较大的交叉路口的交通事故率。而通过 V2I 技术，无人驾驶车辆可提前探知路面交通信号等情况，或可根据道路拥堵情况进行合理的路径规划等。

智能汽车的最高级别，即无人驾驶汽车技术研究的另一个阶段，也即智能交通阶段，可分为车联网与智能交通两个方向，两者是推进无人驾驶技术发展的强力催化剂。在过渡阶段，无人驾驶汽车不仅要实现有人驾驶与无人驾驶的无缝结合、进行良好的人机交互，还要具有车与车交互的功能。车联网与智能交通系统将人、车、路结合，并运用先进计算机、通信与控制技术，实现城市交通拥堵治理并提高交通安全，为无人驾驶汽车提供技术与智能化道路设施支持。

高精地图是未来无人驾驶的必备关键技术，是智能汽车实现路线规划的基础。厘米级高精地图将重塑现有地图市场布局，导航提供的高精度定位服务将助推我国无人驾驶技术发展，其中在高附加值运营服务环节中有研发优势的企业能够率先占据市场份额。

（4）定位导航系统与路径规划系统

路径规划为智能汽车提供行驶的最佳路线。路径规划是指在一定的环境模型基础上，给定智能汽车的起始点与目标点后，按照某一性能指标规划出一条无碰撞、能安全到达目标点的有效路径。路径规划包括大范围不考虑运动细节的全局路径规划以及具体到运动轨迹的局部路径规划，具体分为两个步骤：一是建立环境地图；二是调用搜索算法在环境地图中搜索可行路径。

智能汽车通过定位导航系统获得汽车的位置、状态等信息，定位导航系统是实现无人驾驶的必要条件。常用的定位导航技术有航迹推算（Dead-Reckoning，DR）技术、惯性导航（Inertial Navigation System，INS）技术、卫星导航定位技术、路标定位技术、地图匹配定位（Map Matching，MM）技术和视觉定位导航技术等。

定位导航系统与路径规划相结合，可以规划出智能汽车在给定的目的地下行驶的最佳路线。为实现路径规划，智能汽车需要采用新型计算平台，整合多传感器信息，开发相应的车辆控制算法，以对汽车进行行为控制。

（5）驾驶决策

驾驶决策主要是指对采集的信息，包括环境与路径信息做进一步的信号处理，根据信息包含的内容进行决策和判断，然后对控制系统输出操作指令的一系列活动。

（6）车辆控制系统

自动驾驶技术不仅仅是感知和算法，还涉及车辆控制、汽车动力学、汽车工程等诸多技术学科，同时还需要汽车控制（刹车、转向、灯光、油门等）配件的支持。控制系统根据决策系统的指令，分别对车辆的方向、油门和刹车进行控制。车辆控制系统主要由速度、转向与档位控制组成，其中，档位控制技术发展已较为成熟且已投入市场（自动档汽车），未来增量市场主要在速度与转向控制上，也即电控油门、电控刹车与电控转向三大技术。

（7）辅助驾驶系统

辅助驾驶系统作为驾驶决策系统的补充，通过如应急制动、自动泊车、限速识别等拓展控制功能，保证智能汽车的稳定性与安全性。

（8）整车集成

智能汽车整车集成与传统汽车类似，强调集成系统的重要性，特别是在电动化的背景下，集成系统直接关系整车的性能。

（9）汽车运营

智能汽车运营主要强调以智能汽车为载体开展的非生产类运营活动，这类活动往往伴随着商业模式的创新，且随着互联网+的不断发展，运营在整个产业链中的地位也逐步上升。目前，许多进行智能汽车研发的企业，不仅仅满足于作为技术的提供方，而且希望深入到后期的运营环节中。例如，北京智行者科技有限公司（简称“智行者”）希望能够首先在低速园区内进行无人驾驶运营，而北京图森互联科技有限责任公司（简称“图森互联”）则在一开始就瞄准了长途高速货运。Uber 与其收购的 Otto 也将目光分别聚焦在了无人驾驶共享出行和长途货运上。图森互联 CEO 陈默表示，相比汽车销售商，运营服务公司是更靠近产业链下游和利益链顶端的方式。

2. 国外主要厂商智能汽车发展现状

（1）丰田

丰田宣布 2020 年左右实现可在“汽车专用道路”上使用自动驾驶技术，为搭载无人驾驶所需的高精度地图，丰田推出了一套“地图自动绘制系统”，该系统可以充分利用搭载于市销车上的摄像头及 GPS，自动绘制车辆自动驾驶所必需的高精度地图，该项技术有望为将来的自动驾驶车辆提供行驶支持，未来还有望扩充应对“一般道路”及“道路障碍物”等方面的功能。

该项技术的基本原理是利用车辆搭载的摄像头，在行驶过程中采集路面图像数据和地理位置数据，并将数据统一反馈到信息中心进行集中处理和调整，进而自动绘制出大范围、高精度的地图。该系统采用了由丰田中央研究所开发的空间信息自动生成技术——云空间信息生成（COSMIC），可利用车辆收集的图像数据和 GPS 信号绘制高精度地图。

该系统通过市销车及现有基础设施收集信息，因此，在实现信息实时更新的同时，还能有效控制系统成本。

（2）沃尔沃

作为汽车安全的领导者，沃尔沃提出到 2020 年确保其汽车产品不会出现重大伤亡事故，而发展自动驾驶技术正是这一目标的产物。目前，沃尔沃的车辆已搭载有自动紧急刹车、行人和骑车者监测、车道偏移辅助和自适应式巡航控制等技术。

当前，沃尔沃已进入“高度自动驾驶”的实质性项目测试和商业化阶段。为加快无人驾驶相关技术研发和推广，2014 年沃尔沃发布了与爱立信打造的 Sensus 智能操作系统，Sensus 智能操作系统基于爱立信的云端服务，提供包括互联（Connect）、服务（Service）、娱乐（Entertain）、导航（Navi）、控制（Control）在内的车载互联功能，以实现安全、便捷、智能、高效的车内外互联体验，旨在打造基于车联网、物联网和大数据的智能城市交通网络系统。

目前，Sensus 智能操作系统在中国的合作伙伴包括百度、联通、高德、豆瓣等。同时，沃尔沃与苹果 CarPlay 和谷歌安卓（Android Auto）均已达成合作联盟，未来沃尔沃车主可通过 Sensus 与目前两大应用最广泛的智能手机平台进行互联、互通。

（3）宝马

早在 2013 年，宝马就与汽车零部件供应商大陆集团合作开发无人驾驶汽车，主要目的是为 2020 年之后将自动驾驶技术投入应用作准备。2014 年，宝马展示了其研发的无人驾驶技术，该技术不仅可以帮助车主在交通状况拥堵的城市找到便捷、畅通的行驶路线，同时也不会夺走驾驶员对汽车的掌控权。宝马将其命名为城市空间（UR：BAN research），该技术是以用户为主的网络管理和辅助系统，致力于帮助驾驶员避开路上的行人，通过预测交通信号灯的变化方式使出行更加顺畅、更加高效。

城市空间项目的研发一直持续到了 2016 年，其重点放在了三个方面的研发上：认知辅助、网络化交通系统、交通中的人为因素。其中，“认知辅助”系统的目标是帮助驾驶员时刻关注来往行人的动向。

宝马设想在汽车上安装类似“认知辅助”系统，对行人进行自动分析，并对车主做出预警，汽车随时采取自动转向或自动刹车的措施，避免撞到行人。2014 年，宝马已将这一技术在宝马 5 系上进行了试验，该技术能识别出行人的体形，并通过计算程序估算出行人的位置和将走的路线。

宝马大力推进的另一项目——城市道路（Urban Roads）着重开发“绿色协调和减速辅助系统”，该系统可计算出红绿灯的变换时间，并将其结合当前的实时路况信息，随时调整道路和发动机设置，以实现最高效的驾驶状态。在 2015 年的国际消费类电子产品展览会（CES）上，宝马推出了全新的自动驾驶技术，包括 360° 预防碰撞系统和多层停车场全自动泊车技术。当存在碰撞危险时，360° 预防碰撞系统会通过报警声向驾驶者发出警告，还可通过自动制动干预使车辆停止。同时，通过在试验车型上安装高精度的 GPS 以及传感器列阵，在分析完大量数据之后，汽车会针对当前路况做出精确判断。

（4）特斯拉（Tesla）

特斯拉 Model S P85D 在发布时，厂商就明确表示其具有各类传感器，可实现自动驾驶功能。只不过，限于当时的技术条件，软件方面没有全部开放所有的功能，特别是自动驾驶功能。2015 年 10 月，特斯拉发布 7.0 版本固件，固件中搭载了名为自动驾驶仪（Autopilot）的自动驾驶功能。用户通过在线升级厂商推送的固件后即可解锁自动驾驶功能，特斯拉的自动驾驶功能主要包括自动车道保持、自动变道和自动泊车等。

与谷歌无人驾驶不同的是，特斯拉并不是真正意义上的无人驾驶，而是高级自动驾驶（或辅助驾驶），谷歌的解决方案更多的是依靠高精度雷达、高精度传感器和高精度地图，而特斯拉的高级自动驾驶则更多地依赖摄像头，依靠机器视觉实现车道保持、变道等功能。

就其理念而言，谷歌更理想化，直接指向终极解决方案，而特斯拉更务实些，现阶段的可行性更高。2016 年，特斯拉发布了最新的 7.1 版本固件。7.1 系统新增加了辅助转向的安全限制，当车主开着特斯拉 Model S 进入住宅区行驶时，车辆可以通过地图自动识别道路环境，将其限制在一定速度内行驶。7.1 系统还增加了手机召唤功能。借助召唤功能，即使驾驶员在车外，Model S 和 Model X 也能完成泊车和驶离车位的操作，甚至还能根据需要开启和关闭预编程车库门。召唤功能是特斯拉迈向全自动驾驶的重要一步，展现了特斯拉在自动驾驶领域的领先地位。目前，特斯拉被认为是全世界量产车中主动安全和准自动驾驶性能最先进的汽车。

特斯拉的自动驾驶功能也在通过“自主学习”进行不断完善和优化。目前，遍布 42 个国家的客户已驾驶 107000 多辆特斯拉汽车累计行驶了约 32 亿公里。特斯拉平均每天可获得 160 多万公里的自动驾驶数据。特斯拉能通过汽车与中央数据库的无线连接来收集和共享详细行驶数据，这令其在打造可靠驾驶体验方面具备了一个独特优势。

目前，丰田、沃尔沃、宝马、特斯拉等主流跨国车企无人驾驶技术主要从个别自动功能向完全自动驾驶横向发展，遵循由易到难、由简单到复杂的发展路径，通过车联网和 ADAS 着手，自建或共建高精度地图系统，不断丰富自动驾驶功能及内涵，循序渐进，最终实现真正意义上的无人驾驶。

3. 国内主要厂商智能汽车专利分析

本部分以上海为例，分析我国智能汽车产业链上的主要厂商的专利，从而分析我国相关企业技术研发重点。2017 年，上海市经信委发布《上海市智能网联汽车产业创新工程实施方案》，提出到 2020 年，保持并巩固上海智能网联汽车在全国的领先地位，力争在局部领域达到全球领先水平，努力建成全国领先、世界一流的智能网联汽车产业集群，初步形成智能网联汽车产业链。整体来看，上海在发展智能电动汽车方面具有较好的产业基础，已初步形成了良好的产业发展环境，在智能网联汽车顶层政策设计、智能网联汽车试点示范区建设、智能网联汽车研发及产业化、智能网联汽车产业链布局、智能网联汽车公共服务平台等方面都取得了良好的工作成效。

（1）传感器相关企业

传感器作为智能汽车环境感知的重要元件，是目前智能汽车产业的一个重要技术发展重点。传感器的领先企业目前主要集中在国外，包括博世、大陆集团、英飞凌、森萨塔科技、霍尼韦尔等。目前，上海传感器生产企业主要以外资企业在上海设立的分公司或分支机构以及本土初创企业为主，如表 5-2 所示。

表 5-2 上海传感器主要企业

	公司名称	总部地点
传感器	上海微技术工研院	上海
	海康威视	杭州
	德尔福派克电气公司	美国
	大陆集团	德国
	博世	德国
	华域汽车系统股份有限公司	上海
	上海禾赛光电科技有限公司（简称“禾赛科技”）	上海
	上海肇观电子科技有限公司（简称“肇观电子”）	上海
	纵目科技（上海）股份有限公司	上海
	上海智驾汽车科技有限公司（简称“智驾科技”）	上海

具体来看，激光雷达的生产厂商大多集中在国外，包括美国威力登（Velodyne）公司、Quanegy 公司以及德国的欧百拓（Ibeo）公司等，国内激光雷达初创公司也在尽力追赶。目前，上海激光雷达的主要本土生产商为禾赛科技。禾赛科技于 2013 年成立于美国硅谷圣何塞，2014 年落户上海。主营业务为自动驾驶激光雷达、

激光天然气遥测系统等。禾赛科技为年轻初创企业，公司团队成员聚集了光学、精密机械、电子、通信、人工智能等前沿行业的顶尖专家，现有国家千人计划专家1名，上海市千人计划专家1名，博士10名，总人数50人。2016年底，禾赛科技对外公开了其多线激光雷达的路测视频，成为继北京北科天绘科技有限公事、深圳市速腾聚创科技有限公司之后第三家推出多线激光雷达的厂商，也在国内首次推出了32线激光雷达系统。

从车载摄像头看，车载摄像头主要分为单目和双目两种。在单目ADAS领域，以色列公司Mobileye是世界最顶尖的企业。单目摄像头，主要基于机器学习原理，使用大量数据训练，进行环境识别。尽管需要大量数据支持，且在恶劣光线条件下的表现不如双目摄像头，但其相对便宜的价格以及成熟的技术也获得了一部分公司的青睐。

上海目前从事单目摄像头生产的本土企业主要有肇观电子（计算机视觉系统及产品）、上海智驾电子科技有限公司（车载视觉技术产品）、纵目科技（ADAS软硬件解决方案）。

纵目科技（上海）股份有限公司成立于2013年1月，总部位于上海浦东张江高科技园区，致力于环视ADAS领域的创新研发。2015年11月，第一款搭载纵目ADAS产品的车型进入量产；2017年2月，纵目科技在新三板挂牌，目前其客户主要包括北汽集团、上汽集团、吉利汽车、奇瑞、中国一汽、凯翼汽车、宇通、江淮汽车等厂商。

肇观电子（NextVPU）于2016年5月30日注册成立，是从事人工智能、计算机视觉系统和芯片研发的公司，目前其主要产品“开普勒”立体摄像头已开始应用于智能汽车领域，截至目前已申请两项专利，如表5-3所示。

表 5-3 肇观电子专利

申请公布日	专利名称	主要内容
2016.12.07	一种确定包络面的方法和装置	障碍物举例分析
2016.11.23	一种向目标对象播放音频信息的方法及装置	音频播放距离分析

智驾科技成立于 2015 年 11 月，是一家专业从事汽车高级辅助驾驶 ADAS 产品与自动驾驶系统研发的公司。核心 ADAS 产品有：车道偏离报警（LDW）、车道保持（LKA）、前车碰撞预警（FCW）、行人碰撞预警（PCW）、自主紧急制动（AEB）、智能远近光切换（IHBC）、自适应大灯系统（ADB）等。

除上述企业外，上海微技术工研院也致力于传感器的研发。上海微技术工研院是上海微系统所与嘉定区于 2013 年发起成立的一家高技术研发机构，在发展定位上，其面向集成电路和物联网两大国家战略需求，致力于“超越摩尔”（More than Moore，MtM）技术和物联网智能硬件的创新和产业化。2016 年 10 月，上海市科学技术委员会、上海市嘉定区人民政府与上海微技术工业研究院在嘉定区签署战略协议，共同推进上海微技术工研院建设，深化体制创新，打造面向物联网领域的创新功能型平台，加快“超越摩尔”核心技术研发和自主知识产权创新，构建“传感器—物联网”创新产业链和“超越摩尔”产业群。

综合来看，在传感器领域，国内相关企业普遍落后于国外企业，近年来也开始加快布局，一些初创企业纷纷在上海开设公司，但总体来看，这些企业技术水平较低、专利数量有限、发展时间较短。

（2）物联网相关企业

上海是我国物联网技术和应用的主要发源地之一。在物联网技术研发、标准制定、产业基础、配套设施等诸多方面都在国内居领先地位，具备明显的先发优势，如表 5-4 所示。1999 年，中科院上海微系统所等研究机构启动相关研究工作。2002 年，上海复旦大学成立了自动识别中心（Auto-ID）实验室。2004 年，上海开始进行无线射频识别（RFID）关键技术的研究和示范，启动了国家第一个 RFID 重大专项研究。2006 年，科技部与上海市在上海张江建立了首个国家级“射频识别技术（RFID）产业化基地”。2010 年，上海进一步加快进行物联网的战略部署，发布《上海推进物联网产业发展行动方案（2010—2012 年）》，把浦东新区和嘉定区列为上海物联网发展示范区，形成一南一北两大物联网发展基地。同年，发布《上海推进云计算产业发展行动方案（2010—2012 年）》，统筹规划，系统布局，协调推进上海物联网的发展。2011 年，上海发布了《上海市推进智慧城市建设 2011—2013 年行动计划》，其内容紧扣物联网发展。

表 5-4 上海物联网产业发展里程

年 份	事 件
1999 年	中科院上海微系统所等研究机构开始相关研究工作
2002 年	复旦大学成立了 Auto-ID 实验室
2004 年	启动国家第一个 RFID 重大专项研究
2006 年	“射频识别技术（RFID）产业化基地”成立
2010 年	《上海推进物联网产业发展行动方案（2010—2012 年）》发布

从车联网角度具体来看，上海已经将车联网产业作为重点领域加以高度关注和强力支持，通过战略性新兴产业等专项政策扶持，明确了对车联网与汽车电子领域的推进计划和指南内容，形成国内最完备的车联网产业政策性导向，在技术创新、政策鼓励和设施配套方面加大了支持力度，大力推动车联网等新技术、新

业态、新模式发展，实现车联网、位置网、城市交通管理网“三网合一”，促进智慧交通、定位导航以及车载信息服务等汽车电子产业发展。

以上汽集团为代表的整车企业在车联网领域引领国内汽车电子、移动互联、云计算、大数据等新一代信息技术应用，推出了上海荣威自主品牌的InkaNet平台、上海通用安吉星（Onstar）平台、上海大通“行翼通”平台以及汽车电商“车享网”等。2011年4月，上汽、宝信软件、交技发展、飞乐股份、东软集团（上海）有限公司等46家企业成立了上海车联网产业联盟，该联盟不仅包括整车企业、一批软件和电子企业，以及大智慧、东方财富等信息服务公司，还涵盖汽车整车、电子信息、软件和信息服务、通信网络、城市交通、公共服务等领域的国内外知名企事业单位、大学及科研院所、行业组织、产业园区等。

2014年7月23日，上汽集团和阿里巴巴开展战略合作，率先在国内提出共同打造面向未来的“互联网汽车”及其生态圈，其车联网产业应用的规模效应、示范作用和行业影响，处于国内领先水平。目前，上海已形成国内车联网与汽车电子产业链门类最齐全、配套最完整、规模最大的产业基地，形成涵盖关键芯片、智能终端、总线网络、通信运营、高端软件、移动互联、信息消费、标准检测、知识产权等方面的完整的全产业链科技研发及产业化布局，并初步形成产业结构调整和区域经济构架中的产业科技示范应用、信息服务集聚联动的态势。①

从企业角度看，目前上海涉及网络通信和信息安全的企业主要如表5-5所示。

①资料来源：《2014上海车联网产业发展研究报告》。

表 5-5 上海汽车通信主要相关企业

	公司名称	总部地点
汽车通信&信息安全	上海赛勋信息科技有限公司	上海
	华为	深圳
	中国移动	北京
	中国电信	北京
	大唐	北京
	中兴	深圳
	奇虎 360	北京
	博泰集团	上海
	上汽	上海

从表 5-5 可以看出，目前上海本地的汽车通信相关企业主要是博泰集团、上海赛勋信息科技有限公司和上汽。

其中，博泰集团创建于 2009 年 9 月，是目前中国最大的车联网产品与服务提供商之一，同时也是中国第二大车联网运营服务商。公司总部位于上海，现有员工 400 多名。该公司的主要业务板块包括：（1）车联网事业部：侧重前装市场（ToB），提供综合、一揽子解决方案；（2）博泰电子：前装汽车娱乐系统、远程信息处理器（T-Box）、车联网相关硬件、车规安卓操作系统开发；（3）博泰网络：以云端技术从事车联网通讯运营服务；（4）擎感研发中心：智能汽车与车联网技术的 IP 池；（5）智能汽车事业部：超级智能移动终端与技术展示平台，侧重新能源、智能化与轻资产运作；（6）消费电子事业部：面对后装市场（ToC），提供低成本、高性价比解决方案；（7）汽车电商事业部：专注于产品和用户体验的营销中心；（8）车联网技术：整合传统汽车与智能汽车、传统渠道与互联网渠道，以及整个互联网生态。目前，博泰集团已申请了 1000 多项专利，其中获批的约有 650 项。①

①数据来源：http://news.163.com/16/1206/12/C7JS5BQJ00014JB5.html。

上海赛勋信息科技有限公司成立于 2013 年 5 月，侧重于无线通信技术的研发与产业发展，自主开发的无线宽带自组网系统是一种可根据应用场景自适应地在空间、频率、通道三个维度上综合自主组网的系统。车联网产业方向，拟提供车车、车地、车人通信解决方案，以及具有自主知识产权的多通道多跳自组网通信系统和基于现场可编程门阵列（FPGA）芯片的正交频分复用技术（OFDM）物理层射频通信模块，同时正致力于研究基于 1609 和 802.11p 标准的 V2X 通信平台。

表 5-6 赛勋知识产权列表

申请公布日	名称	类别
2016.03.09	赛勋车载双通道多跳自组网系统软件	著作权
2016.05.04	多通道多跳车载自组网频率协调分配方法	专利
2016.05.25	基于 WIFI 的车内视频高速广播方法和装置	专利

（3）定位导航相关企业

上海目前以北斗导航产业为基础，其定位导航领域发展迅速，在国内居于前列。其卫星导航产业发展已初见成效，拥有卫星导航相关企业近百家，产品覆盖核心芯片、板卡、应用终端、系统集成、运营服务等产业链的各个领域，产业规模近百亿。

在推进具有全球影响力的科技创新中心建设中，上海明确将北斗导航列为重大产业创新战略项目重点推进，并为此建立了导航定位产业发展市级联席会议和与国家相关部门的部市会商制度，成立了产业技术创新联盟，实施重大示范工程，加大力度支持产业发展。目前，上海已成立了上海卫星导航定位产业技术创新战略联盟、上海位置服务产业技术创新战略联盟、上海高精度位置服务和城市交通信息服务产业技术创新联盟等相关联盟。

中国北斗产业技术创新西虹桥基地于 2013 年 12 月启用，2015

年获批上海市首批“四新”产业基地，推出了扶持北斗产业发展的系列政策。上海闵行区的国家航天产业基地北斗园区建设、杨浦区的“北斗导航互联网位置应用平台”建设、嘉定区的思南北斗产业园、宝山区的“空间技术应用基地”等项目均已陆续启动建设或投入使用。上海在卫星导航接收机核心芯片、板卡等核心部件的技术攻关方面取得了重大进展，并进入国内先进行列。目前，上海北斗导航企业主要如表 5-7 所示。

表 5-7　上海定位导航领域相关企业

公司名称	地点
上海司南卫星导航技术股份有限公司	上海
上海海积信息科技股份有限公司	上海
千寻位置网络有限公司	上海
上海华测导航技术股份有限公司	上海
上海北伽导航科技有限公司	上海
上海复控华龙微系统技术有限公司	上海

上海司南卫星导航技术股份有限公司成立于 2012 年，是国内首家完全自主掌握高精度北斗/全球导航卫星系统（GNSS）模块核心技术并成功实现规模化市场应用的高新技术企业，研制出了国内第一款北斗高精度接收机并实现产业化应用，产品占据国内 1/4 的市场份额，申请专利和软件著作权 30 余项。在国家北斗地基增强系统框架网项目招标中，司南、华测提供的设备占总数的 72%。

表 5-8　司南专利列表

申请公布日	专利名称	申请公布日	专利名称
2013.11.27	GNSS 中基于 NandFlash 总线实现基带信号通信的系统及方法	2013.11.27	集成高精度定位应用系统的卫星定位接收机

续表

申请公布日	专利名称	申请公布日	专利名称
2013.12.11	基于非对称双核中央处理器的通用型 GNSS 接收机	2013.11.27	实现 GNSS 卫星信号转换为基带信号功能的射频电路结构
2014.04.09	实现 GNSS 卫星信号转换为基带信号的射频电路结构	2014.01.08	多模多频 GNSS 接收机
2015.04.29	无线通信网络中有效避免乒乓效应的基站切换控制方法	2014.04.23	GNSS 基于 NandFlash 总线基带信号通信系统
2015.11.18	一种提高卫星伪距精度的跟踪系统与方法	2015.11.18	基于参考站接收机的非差改正数分布式处理系统与方法
2016.08.10	GNSS 中基于闪存（NandFlash）总线实现基带信号通信的系统及方法	2015.11.25	一种提高卫星伪距精度的电路结构
2016.10.26	流动站定位方法、基准站和流动站定位系统	2016.09.07	GNSS 接收机、质量分析装置和质量分析方法

上海海积信息科技股份有限公司成立于 2011 年 9 月，是国内首家集北斗卫星高精度（简称“海积”）OEM 板卡、高精度接收机、高精度及特种行业天线，以及高精度应用系统的研发、生产、销售、服务为一体的高新技术企业，研发人数占公司总人数的 70%，目前已申请专利 52 项，著作权 15 项。2016 年，海积宣布，将联合“千寻位置”在互联网驾校、变形监测、无人机制造、无人驾驶汽车等领域，拓展相应产品和解决方案。

“千寻位置”是 2015 年中国兵器工业集团与阿里巴巴共同出资

20 亿元人民币设立的网络有限公司（以下简称“千寻”），在上海市杨浦区正式挂牌成立，双方各持 50%股权。千寻是一个基于卫星定位、云计算和大数据技术的位置服务开放平台，拥有全国北斗地基增强系统及互联网领域丰富的运营经验。

上海华测导航技术股份有限公司于 2003 年在上海青浦区成立，主要为客户提供高精度单频测量型 GNSS 接收机、双频实时动态 GNSS 接收机、GNSS 姿态测量系统、手持 GIS 终端、无线数传产品和水上测量产品等。目前，已申请专利 99 项、著作权 65 项。

上海复控华龙微系统技术有限公司推出的北斗多模多频基带芯片，在多个项目招标方案命中率及厂商占有率上居全国第一。上海北伽导航科技有限公司开发的国内首颗 40nm COMS 射频基带一体化多模导航 SoC 芯片——“航芯一号”，在实现国产北斗导航芯片体积更小、功耗更低方面有了可喜的进步。

4. 基于实践视角的智能汽车关键技术分析

综合国内外厂商目前的智能汽车研发重点，可以看出信息采集、信息处理、信息通信是推动智能汽车发展的三大关键技术领域。

（1）信息采集方面，传感器、摄像头等将被大规模使用

一是从技术热点看，由多种传感器集成的高级驾驶辅助系统是当前研究热点。高度智能化的无人驾驶需要配备足够的传感系统，如高驾驶辅助系统（ADAS），才能实现有限条件下的无人驾驶（Level3），这也是目前无人驾驶技术的研究热点。二是从传感器类型看，红外传感器的成本最高。红外传感器的典型模块为摄像头系统，国外售价一般在 1000—2000 元，国内售价在 4000—5000 元，甚至达到 10000—20000 元。三是从发展趋势看，微机电系统（MEMS）传感器将成为主流产品。MEMS 传感器已经开始逐步取代基于传统机电技术的传感器，成为全球无人驾驶汽车的重要构

成部分。

（2）信息处理方面，高精数据+自动导航是技术关键

一是从数据算法看，基于浅层学习的算法向深度学习发展是大势所趋。未来无人驾驶汽车将更加依赖人工智能，处理的场景与数据将呈指数级增长，采用深度学习算法将成为未来技术发展的必经过程。二是从地图服务看，自动导航是实现无人驾驶精确预判的关键。无人驾驶汽车的地图服务系统通过对 GPS 坐标数据、地图测绘数据的处理，形成与实时交通情况相匹配的电子地图引擎，从而实现自动导航功能。

（3）信息通信方面，车联网时代已经到来

一是从发展趋势看，车联网是实现完全无人驾驶的必经之路。从功能模块看，车联网拥有各层级关键功能与技术，涵盖了车连互联网、车连车、车连基础设施、车连整车厂商、车连企业、车连家/办公室等主要类型，在无人驾驶领域有广泛应用。二是从竞争机构看，全球车联网主流系统繁多，竞争激烈。移动互联网高速发展推动汽车车载信息领域不断变革，开发的车载信息平台将受到越来越多无人驾驶汽车厂商的欢迎。

5. 基于理论视角的智能汽车研究重点

为进一步验证和分析目前智能汽车的研究重点，本书在实践分析的基础上，进一步从理论角度进行分析。

（1）共词分析法

共词分析法最早在20世纪70年代中后期由法国文献计量学家提出。在过去近 40 年中，这项技术被用于描绘不同科研领域的动态发展情况。如今，共词分析法已被广泛应用到诸多领域，例如在人工智能、科学计量、信息检索、信息科学与信息系统等领域都得到很好应用并产生大量成果。共词分析属于内容分析法，是通过对

能够表达某学科领域研究主体或方向的关键词同时出现在同一文献中的现象进行分析，并判断该学科领域中主题词之间的关系，从而展现该学科的研究结构，发现隐藏在真实词汇背后的复杂关系网络。一般认为，关键词汇在同一篇文献出现次数越多，代表主题间关系越紧密。按照这种相关度，将学科内重要文献的关键词加以聚类，可以直观地展现该学科当前的研究热点。共词分析法的操作过程是统计一组词汇两两共同出现在同一文献中的次数，形成共词矩阵。因此，统计一组文献的主题词在同一文献中两两出现的频率，可形成由这些关键词所组成的共词网络，网络内各节点之间的远近关系形成了反映主题内容亲疏关系的网络。共词分析就是利用聚类分析和包容系数等多种统计分析方法，将分析对象之间错综复杂的网络关系进行简化，以数值、图形等方式直观表示出来的过程。

（2）相关文献分析

本研究中对智能汽车相关文献的分析主要选取 Web of Science 数据库为数据源，时间设定为 1997—2016 年，标题设定为“智能汽车”的检索条件，共搜索到相关学术文献 8155 篇。

利用文献题录信息统计分析工具（SATI）对所选取文献主题词进行抽取，对同义和近义主题词做统一处理，删除部分有明显错误的词组后，按照词频由高到低排序，提取出 56 个高频次的主题词，对其重新编码，如表 5-9 所示。

表 5-9　智能汽车相关文献中前 56 位高频关键词

编号	词频	关键词	编号	词频	关键词
1	1008	智能交通系统	29	63	优化
2	428	智能车辆	30	61	通信
3	302	智能	31	57	算法
4	302	车载网络	32	53	管理
5	280	检测	33	53	智能电网

续表

编号	词频	关键词	编号	词频	关键词
6	227	安全	34	48	路径规划
7	226	车辆	35	47	传感器融合
8	221	系统	36	43	射频识别
9	194	全球定位系统	37	41	路由
10	141	智能交通	38	40	交通流
11	137	控制	39	40	数据融合
12	136	交通	40	40	遗传算法
13	125	电动汽车	41	37	车间通信
14	116	仿真	42	36	交通仿真
15	115	跟踪	43	36	立体视觉
16	109	模糊逻辑	44	35	机器学习
17	104	神经网络	45	35	能源管理
18	100	智能控制	46	34	专用短程通信
19	93	自动驾驶车辆	47	34	多智能体系统
20	90	建模	48	31	模式识别
21	87	图像处理	49	31	智能主体
22	87	计算机视觉	50	31	人工智能
23	83	传感器	51	30	车载电子无线通信协议
24	80	机器人	52	29	体系结构
25	80	网络	53	29	车辆与基础设施间通信
26	77	模糊控制	54	28	模糊
27	72	防碰撞	55	28	零部件
28	66	交通控制	56	28	预测

从表中可以看出，关键词频次较高的有：智能交通系统（intelligent transportation system，ITS）、智能车辆（intelligent vehicle）、

智能（intelligent）、车载网络（VANET）、检测（vehicle detection）、安全（safety）、车辆（vehicle）、系统（system）、全球定位系统（GPS）、智能交通（intelligent transportation）、控制（control）、交通（traffic）、电动汽车（electric vehicles）、仿真（simulation）等。

（3）高频关键词派系聚类

利用软件抽取高频关键词共现矩阵，并转化为 56×56 的关系矩阵。将 56 个高频次关键词的关系矩阵输入到社会网络分析软件（UCINET6.0）中，生成关键词关系网络图，如图 5-2 所示。

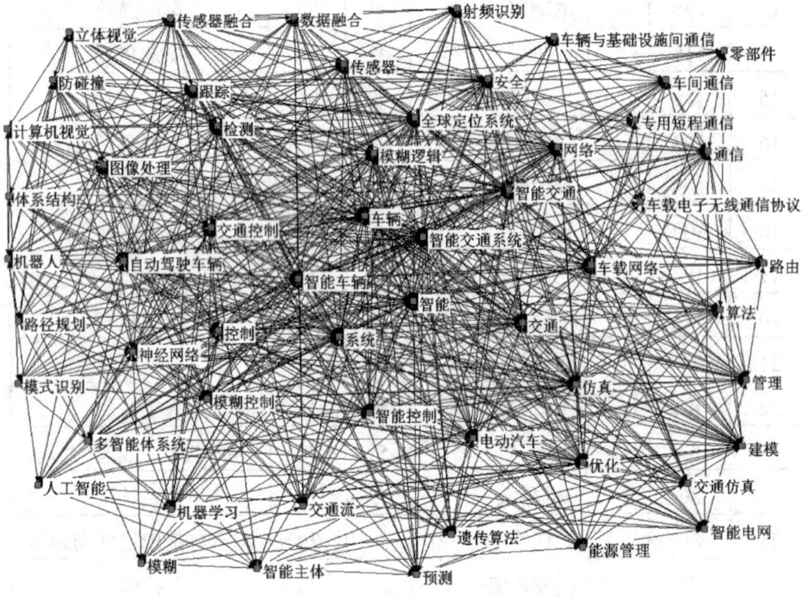

图 5-2 智能汽车相关高频次关键词的关系网络图

对 56 个智能汽车相关高频次关键词进行派系聚类，得到结果如表 5-10 所示。

表 5-10 关键词派系聚类

<table>
<tr><td rowspan="32">1</td><td rowspan="32">1</td><td rowspan="32">1</td><td rowspan="32">1</td><td rowspan="32">1</td><td rowspan="12">1</td><td rowspan="12">1</td><td rowspan="12">1</td><td rowspan="6">1</td><td rowspan="6">1</td><td rowspan="6">1</td><td rowspan="6">1</td><td rowspan="6">1</td><td rowspan="4">1</td><td rowspan="4">1</td><td rowspan="4">1</td><td rowspan="4">1</td><td>智能</td></tr>
<tr><td>路由</td></tr>
<tr><td>零部件</td></tr>
<tr><td>智能控制</td></tr>
<tr><td rowspan="2">2</td><td rowspan="2">2</td><td rowspan="2">2</td><td rowspan="2">2</td><td>多智能体系统</td></tr>
<tr><td>传感器</td></tr>
<tr><td rowspan="6">2</td><td rowspan="6">2</td><td rowspan="3">2</td><td rowspan="3">2</td><td rowspan="3">2</td><td rowspan="3">3</td><td rowspan="3">3</td><td rowspan="3">3</td><td rowspan="3">3</td><td>智能车辆</td></tr>
<tr><td>智能电网</td></tr>
<tr><td>体系结构</td></tr>
<tr><td rowspan="3">3</td><td rowspan="3">3</td><td rowspan="3">3</td><td rowspan="3">4</td><td rowspan="3">4</td><td rowspan="3">4</td><td rowspan="3">4</td><td>建模</td></tr>
<tr><td>模式识别</td></tr>
<tr><td>网络</td></tr>
<tr><td rowspan="20">2</td><td rowspan="20">2</td><td rowspan="15">2</td><td rowspan="15">3</td><td rowspan="6">3</td><td rowspan="6">4</td><td rowspan="6">4</td><td rowspan="6">4</td><td rowspan="6">5</td><td rowspan="6">5</td><td rowspan="6">5</td><td rowspan="4">5</td><td>人工智能</td></tr>
<tr><td>车辆</td></tr>
<tr><td>防碰撞</td></tr>
<tr><td>管理</td></tr>
<tr><td rowspan="2">6</td><td>模糊</td></tr>
<tr><td>数据融合</td></tr>
<tr><td rowspan="9">4</td><td rowspan="9">5</td><td rowspan="9">5</td><td rowspan="9">5</td><td rowspan="9">6</td><td rowspan="9">6</td><td rowspan="3">6</td><td rowspan="3">7</td><td>算法</td></tr>
<tr><td>专用短程通信</td></tr>
<tr><td>系统</td></tr>
<tr><td rowspan="6">7</td><td rowspan="6">8</td><td>计算机视觉</td></tr>
<tr><td>优化</td></tr>
<tr><td>通信</td></tr>
<tr><td>路径规划</td></tr>
<tr><td>模糊逻辑</td></tr>
<tr><td>交通仿真</td></tr>
<tr><td rowspan="5">3</td><td rowspan="5">4</td><td rowspan="5">5</td><td rowspan="5">6</td><td rowspan="5">6</td><td rowspan="5">6</td><td rowspan="5">7</td><td rowspan="4">7</td><td rowspan="4">8</td><td rowspan="4">9</td><td>交通流</td></tr>
<tr><td>机器人</td></tr>
<tr><td>车辆与基础设施间通信</td></tr>
<tr><td>电动汽车</td></tr>
<tr><td>8</td><td>9</td><td>10</td><td>交通控制</td></tr>
</table>

续表

<table>
<tr><td rowspan="24"></td><td rowspan="18"></td><td rowspan="18"></td><td rowspan="10"></td><td rowspan="10">2</td><td rowspan="10">3</td><td rowspan="7">3</td><td rowspan="7">4</td><td rowspan="7">5</td><td rowspan="7">6</td><td rowspan="7">7</td><td rowspan="3">7</td><td rowspan="3">7</td><td rowspan="3">8</td><td rowspan="3">9</td><td rowspan="3">10</td><td rowspan="3">11</td><td>仿真</td></tr>
<tr><td>全球定位系统</td></tr>
<tr><td>立体视觉</td></tr>
<tr><td rowspan="4">8</td><td rowspan="4">8</td><td rowspan="4">9</td><td rowspan="4">10</td><td rowspan="4">11</td><td rowspan="4">12</td><td>模糊控制</td></tr>
<tr><td>神经网络</td></tr>
<tr><td>车载电子无线通信协议</td></tr>
<tr><td>跟踪</td></tr>
<tr><td rowspan="3">4</td><td rowspan="3">5</td><td rowspan="3">6</td><td rowspan="3">7</td><td rowspan="3">8</td><td rowspan="3">9</td><td rowspan="3">9</td><td rowspan="3">10</td><td rowspan="3">11</td><td rowspan="3">12</td><td rowspan="3">13</td><td>射频识别</td></tr>
<tr><td>安全</td></tr>
<tr><td>能源管理</td></tr>
<tr><td rowspan="8">2</td><td rowspan="8">3</td><td rowspan="8">4</td><td rowspan="8">5</td><td rowspan="8">6</td><td rowspan="8">7</td><td rowspan="8">8</td><td rowspan="8">9</td><td rowspan="8">10</td><td rowspan="5">10</td><td rowspan="5">11</td><td rowspan="5">12</td><td rowspan="5">13</td><td rowspan="5">14</td><td>车载网络</td></tr>
<tr><td>遗传算法</td></tr>
<tr><td>传感器融合</td></tr>
<tr><td>预测</td></tr>
<tr><td>图像处理</td></tr>
<tr><td rowspan="3">11</td><td rowspan="3">12</td><td rowspan="3">13</td><td rowspan="3">14</td><td rowspan="3">15</td><td>机器学习</td></tr>
<tr><td>交通</td></tr>
<tr><td>自动驾驶车辆</td></tr>
<tr><td rowspan="6">2</td><td rowspan="3">2</td><td rowspan="3">3</td><td rowspan="3">4</td><td rowspan="3">5</td><td rowspan="3">6</td><td rowspan="3">7</td><td rowspan="3">8</td><td rowspan="3">9</td><td rowspan="3">10</td><td rowspan="3">11</td><td rowspan="3">12</td><td rowspan="3">13</td><td rowspan="3">14</td><td rowspan="3">15</td><td rowspan="3">16</td><td>智能交通系统</td></tr>
<tr><td>智能交通</td></tr>
<tr><td>智能主体</td></tr>
<tr><td rowspan="3">3</td><td rowspan="3">4</td><td rowspan="3">5</td><td rowspan="3">6</td><td rowspan="3">7</td><td rowspan="3">8</td><td rowspan="3">9</td><td rowspan="3">10</td><td rowspan="3">11</td><td rowspan="3">12</td><td rowspan="3">13</td><td rowspan="3">14</td><td rowspan="3">15</td><td rowspan="3">16</td><td rowspan="3">17</td><td>车间通信</td></tr>
<tr><td>控制</td></tr>
<tr><td>检测</td></tr>
</table>

根据表 5-10 可将智能汽车的研究热点划分为以下 4 个类别，如表 5-11 所示。

表 5-11 智能汽车相关高频次关键词派系

类别	关键词
传感器	智能、路由、零部件、智能控制、多智能体系统、传感器、智能车辆、智能电网、体系结构、建模、模式识别、网络、计算机视觉
地图导航及定位系统	仿真、全球定位系统、立体视觉、模糊控制、神经网络、车载电子无线通信协议、跟踪、射频识别、安全、能源管理、算法、车辆、管理、模糊、数据融合、专用短程通信、系统、优化、通信、路径规划、模糊逻辑、交通仿真、交通流、机器人、车辆与基础设施间通信
车联网系统	车间通信、控制、检测、防碰撞
智慧交通	智能交通系统、电动汽车、智能交通、智能主体、交通控制

根据表 5-11 可以看出，目前国内外学者在理论研究方面，同样也是侧重于传感器、地图导航、定位系统及车联网系统的研究。除此之外，还有一个非技术方向，即智慧交通，这在很大程度上反映了智能汽车的发展离不开智能交通这一大背景，未来智能汽车的商业模式创新同样也需要考虑智能交通的配套和支持。

6. 智能化背景下的商业模式创新趋势

（1）互联网企业与汽车厂商将进行跨界创新

随着电动汽车智能化的不断发展，在电动汽车商业模式创新过程中，将有越来越多的互联网企业加入进来，与整车厂商一起进行跨界创新，如谷歌、百度、乐视、腾讯、阿里巴巴等。

表 5-12　互联网企业在智能电动汽车领域的跨界合作

时间	合作方	合作内容
2014	阿里巴巴、上汽	互联网汽车
2015	腾讯、富士康、和谐汽车	互联网+智能电动车
2015	乐视、北汽、美商源捷有限公司（Atieva，美国）	互联网智能汽车
2016	乐视、法拉第未来（Faraday Future，美国）	无人驾驶、汽车租赁与共享等领域
2016	百度、长安	智慧汽车
2016	乐视、阿斯顿马丁	互联网智能电动汽车

与整车厂商不同的是，互联网厂商始终以颠覆式的姿态进入。整车厂商大多以辅助驾驶为核心，逐步试验并装配高级辅助驾驶系统，进而由辅助驾驶过渡到自动驾驶；而互联网厂商则直接从无人驾驶切入，以人工智能、高精度地图和激光雷达等技术综合实现最高级别无人驾驶。互联网厂商在整车制造、零部件制造等领域经验尚浅，但在云计算、大数据处理、人工智能、高精度地图等领域有较为明显的优势，以人工智能和高精度地图等“软实力”为核心推出无人驾驶解决方案，将从“软”向“车”实现“颠覆”。

（2）车辆网将成为跨界创新的最重要内容

作为信息化与汽车工业最佳结合点的车联网，是第三次工业革命对汽车工业影响的具体体现，将带来汽车产品属性、使用方式、商业模式以及汽车设计与制造方式的重大变革。车联网技术就是将两个产业进行有效融合。

目前，车联网的商业模式仍处于探索阶段，车企与互联网企业的合作主要还是在车载互联系统以及智能汽车两个方面，未来随着智能电动汽车的发展，车联网将成为电动汽车商业模式创新的重要内容。

（3）智能生产将成为价值主张创新的主要内容

智能电动汽车新业态不仅带来了道路状况的实时信息系统、车辆防碰系统等应用，还将使孤立的汽车智能化产品向联网智能产品升级，通过车内与外界的无缝信息交流，提高驾驶者与外界的安全互动，这是汽车技术发展的一个新方向，也为汽车产业寻找新的价值增长点和创新点提供了很好的机会，包括汽车设计模式的改变、汽车制造方式的智能化、汽车部件的电子化以及汽车控制决策的自主化等。

（4）价值网络将面临新的构建

智能电动汽车新业态不仅使汽车厂商通过与信息通信业、金融保险以及移动出行平台合作而将汽车产业链条拉长，而且还使车厂、移动出行平台、4S 店、保险公司及车联网服务提供商形成新的协同关系，创新汽车服务业客户关系管理维护的新模式。

在智能化制造趋势之外，新能源产业正在发生的一个巨大的变革是：因智能化制造而引发的智能电动汽车产业链的参与者本身在行业中角色身份的变换，这在当下产业急剧变化的背景下表现得尤为明显。与此同时，此前的零部件厂商开始由独立的零部件供应商向集成式的供应商转变。

这意味着在智能电动汽车产业链中，零部件企业不仅向集成解决方案提供商转变，还担负起运营商的角色，此前的产业角色划分边界在日益模糊。与此类似，整车生产企业的转变也不例外，目前有为数不少的整车制造商为更好地布局未来的新能源、自动驾驶等前瞻领域，频频联合新兴企业进行合纵连横。

（5）大数据将在商业模式创新中扮演重要角色

当前，智慧交通系统的两个重要研究领域分别是汽车出行的智慧化和网联化，智慧化注重出行服务的安全性、经济性和舒适性，而网联化则更多与交通管理、信息服务相关。汽车和交通正在进入大数据时代，在大数据平台上创建车辆运行状态数据分析、驾驶行为分析和交通状态分析的服务功能，可以大幅度提升交通指挥、车辆监管、汽车性能监测和诊断，以及商业运输车辆调度管理的能力，这都将极大地提高交通效率、道路安全水平，降低交通管理和运营成本。

（6）汽车后市场将成为模式创新的重要领域

汽车后市场是一个广义的范畴，包括汽车电商、二手车、汽车后服务、交通出行、汽车金融、智能汽车等多个细分领域。目前，国内汽车后市场大致可分为 4 类电商模式：商城类电商、消费者对企业用户定制类（C2B）、企业对消费者线上/线下模式（B2C+O2O）以及电子购物平台模式（B2B2C+O2O）。

互联网已完成对汽车后市场的初步重构：2014 年以来，后市场参与者以多种形式加入进来，对后市场各环节进行扁平化变革。例如，B2B 模式通过搭建供需平台，联结零配件厂商与维修商，缩减了中间环节。平台化供给使得供需双方实现双赢。互联网加入前，维修厂需要经过多层代理才能拿到配件，价格成本高；配件供给方唯有依赖 OEM 市场才能有收益。互联网加入后，生产方能有效加大定向供给；对于维修店来说，通过平台采购，可以实现规模效益，提升议价能力。B2C 模式下，消费者通过 LBS（定位）获取就近维修店的位置信息，并选择适合自己的服务（标准 O2O 模式），大大减少了寻找和选择成本。新模式的渗透使得传统的“零件供应商—4S 店—用户”模式有了更多延伸性，对诸多平台、自营类企业提供了生存空间，同时也让消费者有新的选择，提升了市场竞争力，进一步降低了维保价格。在这两种模式的基础上，又衍生出多种细分业态，进一步强化了对传统后市场的颠覆，对现有业态进行了重构。

决策篇

本篇旨在对我国智能电动汽车发展现状进行了解的基础上，分析我国如何更好地进行“电动化+智能化”背景下的汽车产业模式创新，这属于技术创新和行业变革背景下的商业模式创新，具有很大的不确定性。基于此，本篇重点从商业模式创新方法和商业模式评估两个视角对技术变革背景下的汽车产业商业模式创新进行研究。

第六章　技术创新背景下的商业模式创新研究

本章重点从基础技术创新和产业转型变革这一背景视角，提出商业模式创新设计的结构性方法，并结合“智能化+电动化”的技术变革背景，将该结构型方法应用于汽车产业商业模式的创新中。

第一节　基于技术创新的商业模式创新方法设计

技术创新，特别是不连续性创新具有引发产业变革的内在潜力（Rothaermel & Hill，2005）。在此背景下，产业或企业现行的商业模式往往受到质疑，特别是价值网络将面临解构和重组。通常来讲，如果一种技术创新是连续性创新，是对现有产品版本的改进或质量的提升，那么，凭借原有的基础设施仍然可以使新产品进行正常的商业化运营，对于这种创新一般不需要进行商业模式变革（Cooper，2000）。然而，非连续性创新往往会突破已有的价值网络，引起基础设施、产业结构、用户行为、价值等多个维度的变革（魏江、冯军政，2010），从而使企业面临商业模式创新的挑战，这既为现有企业和新进入者提供了机遇，又带来了挑战。因为商业模式创新将使价值网络的内容（所包含的主体类型及数量）、结构（各主体的角色和地位）以及各主体的交易方式发生变革（王琴，2011），所以，如何进行商业模式创新以及建立什么样的商业模式将在很大程度上决定企业在未来产业中的竞争优势和地位。

智能化和电动化汽车的产生和发展有深刻的能源、环境等社会背景，在很大程度上会对汽车产业的市场规则和竞争带来深刻影响，具有变革汽车产业的内在潜力（薛奕曦等，2013）。然而，相对于传统汽车而言，这却属于非连续性创新，传统的内燃机驱动变为电力驱动和无人驾驶，这将引起整个汽车产业价值网络的解构和重组：一些新的主体将会进入智能电动汽车商业模式价值网络，包括电力供应商、充电基础设施运营商、互联网企业、软件开发商、传感器类零部件供应商等；同时，一些现有企业将会推出新的价值网络或者其原有的角色和地位将会发生改变。在此背景下，智能电动汽车商业模式创新成为必需，同时，其创新结果将在很大程度上影响企业在未来汽车产业中的竞争优势和地位。基于此，本章节致力于构建一套能够指导智能电动汽车商业模式创新流程的结构性方法。该方法以技术创新和行业变革为背景，不仅包含了企业构建新的商业模式的具体步骤，还通过商业模式情景的设计描述了现行产业商业模式所可能出现的各种变革。情景法是在不确定环境下的一种有效战略设计方法（Gnatzy & Moser，2012），基于情景的商业模式创新将使企业能够有效应对产业变革的不确定性和复杂性。

1. 形态分析法

为实现该研究目标，本部分在对相关文献进行研究和整合的基础上，结合技术创新和行业变革背景对其进行改进，从而提出商业模式创新的具体步骤；然后以形态分析法为基础，确定未来各种商业模式情景。

形态分析法作为一种非量化建模方法目前已被各种不同的学科（如语言学、地理学、社会学等）所采用，用以探索和确定各种可能的解决方法。形态分析法是一种用来构建和分析技术、组织、社会等复杂问题的非量化建模方法，在处理复杂问题和探索未来各种可能性方面具有较强的应用性。该方法的基本特点是将复杂的问题细分为一系列维度或参数，在此基础上形成解决整个复杂问题的可供选择的多个总方案。一般而言，形态分析法的应用主要包括三个步骤（Yoon & Park，2005）：（1）分解阶段：将有关技术、社会等复杂问题分解为几个不同的维度；（2）分析阶段：确定每个维度可能的解决方案。在这一阶段会形成一个包含各个维度及相应解决方案的多维矩阵，如表 6-1 所示；（3）合成阶段：通过对各个维度的解决方案进行交叉评估，形成解决该问题的各种可供选择的总方案。评估的标准主要是不同维度的解决方案之间存在兼容性和一致性。表 6-1 中 X_{ij} 代表第 i 个维度的第 j 个解决方案，深色标注的四个子方案综合起来即形成解决复杂问题的一种总方案。在假设各 X_{ij} 之间不存在相互冲突的前提下，该问题共有 72 种总解决方案可供选择。

形态分析法作为一种典型的建构复杂问题的定性方法，目前已被一些学者应用于技术预测以及新产品/服务开发等领域，运用该方法基本的前提在于所研究的问题或对象具有复杂性和不可估量性，能够被解构为多个不同的维度。商业模式本身即是包含多个维度和要素（如价值主张、市场细分等）的复杂问题，且商业模式创新本身具有不确定性和不可估量性，因此，以形态分析法作为设计商业模式创新情景的工具具有合理性。

表 6-1　形态分析法

维度	X_1	X_2	X_3	X_4
方案	X_{11}	X_{21}	X_{31}	X_{41}
	X_{12}	X_{22}	X_{32}	X_{42}
	X_{13}	—	X_{33}	X_{43}
	—	—	X_{34}	—

2. 商业模式创新的结构性方法

在对相关文献进行研究的基础上，本部分主要致力于提出在技术创新和产业变革背景下，商业模式创新的结构性方法。该方法综合了相关研究文献（Pateli & Giaglis，2005；Im & Cho，2013），以情景法为基础，采用步骤导向型设计方法，如图 6-1 所示。

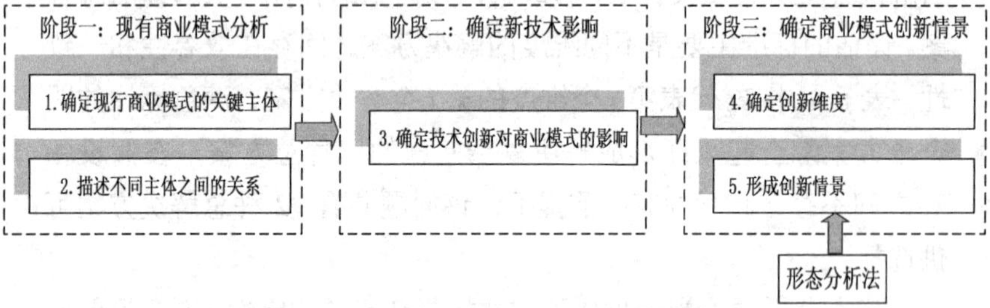

图 6-1 商业模式创新的结构性方法

第一阶段：现有商业模式的分析

新的商业模式的建立需要对已有的商业模式进行深入分析，以便对现有的产业环境进行深入了解，并且可以建立评估技术创新和行业变革影响的基准（Pramataris，et al.，2001；Pateli & Giaglis，2005）。

（1）第一步：确定现行商业模式的关键主体。这一步是整个创新流程的起始点，通过对关键主体的描述，可以确定整个商业模式创新流程中的重点研究对象。然而已有研究大多忽略了该步骤，从而使得后续创新情景的提出缺乏针对性。

（2）第二步：描述不同主体之间的关系。通过这一步骤可以明确不同主体在整个产业中的地位及其角色，掌握在现有价值网络结构下，商业模式为消费者提供的价值主张。

第二阶段：确定新技术的影响

（1）第三步：确定技术创新对商业模式的影响。这一步主要是分析新技术对现行商业模式特别是关键主体的影响，包括有利的和不利的影响，从而确定新技术对整个商业模式结构可能带来的变革。

第三阶段：确定商业模式创新情景

这一阶段主要是结合情景分析法，设计和描述各种可能的商业模式创新情景，特别是通过对价值网络变革情景的设计形象化地展现新的商业模式。

（1）第四步：确定商业模式创新维度。商业模式创新需要以多维形态矩阵为基础，探索各种可能的创新组合。因此，需要根据商业模式理论及相关行业创新实践，确定创新维度。

（2）第五步：形成商业模式创新情景。这一步要确定商业模式不同维度的创新内容，并对不同维度的创新内容进行一致性分析和整合，从而形成整个商业模式创新情景。以情景法为基础的商业模式创新可以使企业对各种创新进行“试验”，从而降低创新风险。

第二节 “智能+电动”商业模式创新

本部分将根据前文提出的商业模式创新方法对智能电动汽车的商业模式创新进行研究。

1. 传统汽车产业商业模式的描述

传统汽车产业的商业模式是以整车制造商为主导、其他利益主体（零部件供应商、加油站运营商、汽车经销商、维修服务商）和消费者组织为辅的价值增值网络。这些主体之间的关系如图 6-2 所示。

（1）整车制造商和零部件供应商：在传统汽车商业模式中，整车制造商占据价值网络的主导地位，整车制造商和部分关键零部件供应商获取了价值网络中的主要收益。目前，我国汽车市场正呈现集中化趋势，一些整车制造商通过掌握关键零部件，实现了上下游的整合。

（2）整车制造商和汽车经销商：传统汽车产业经过较长时间的发展已形成了较为完善的销售体系。目前，国内汽车的销售模式呈现多样性，但整体趋势以 4S 店为主。4S 店采用特许经营模式，其经营商与整车制造商之间建立了紧密的产销关系。

（3）汽车经销商和维修服务商：在传统汽车价值网络中，维修服务商在利益分配格局中占据着越来越重要的地位。目前，国内传统汽车业的维修服务模式整体趋势仍以 4S 店为主。整车制造商、汽车经销商和维修服务商以 4S 店为中介实现了利益共享。

（4）石油供应商和加油站运营商：汽车作为基础设施强依赖性产品和网络外部性产品，其为消费者提供效用满足的高低，在很大程度上受到能源补给基础设施网络完善与否的影响。目前，传统汽车产业中，加油站网络布局已较为完善，中石油和中石化等石油供应商通过自营和特许经营的方式占据了加油站市场的主导地位。

（5）从价值网络中各主体之间的收入分配看，传统汽车行业已形成较为固定的收入分配机制：整车制造商（和汽车经销商）获得消费者所支付的销售收入；维修服务商和加油站运营商各自获取消费者所支付的维修服务费用和加油费用。

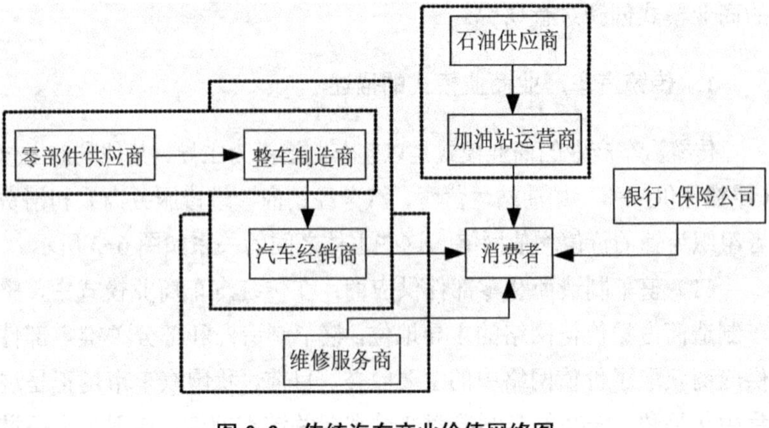

图 6-2　传统汽车产业价值网络图

2. 确定“智能+电动”技术的影响

“智能＋电动”技术的引入将会对现行汽车产业商业模式产生深刻影响，主体之间的收入分配机制及其相互之间的关系将会发生变革，如表 6-2 所示。

表 6-2　智能电动汽车技术对传统汽车商业模式的影响

传统汽车价值网络关键主体	主要影响（有利和不利）
整车制造商	为新进入者以及传统汽车产业中处于劣势的现有企业创造了机遇；为传统汽车产业中处于主导地位的现有企业提供了机遇和挑战；打破了整车制造商与加油站经营商之间已形成的战略平衡，整车制造商在价值网络中的主导地位可能会面临挑战
零部件供应商	为新的零部件供应商创造了机遇；包括电池、电机、电控以及软件开发、地图导航等传统汽车产业中的一些零部件供应商将被迫退出或转型调整
汽车经销商	传统汽车产业的汽车经销商将面临挑战，新的销售渠道和销售模式可能会建立
维修服务商	原有的维修服务内容必须进行变革，同时，新的维修服务模式和网络可能会建立
石油供应商	将推出新的价值网络，电力供应商将取代其原有的位置
加油站运营商	加油站运营商或利用已有的网络布局进行变革，适应电动汽车的充换电需求；或将会推出新的价值网络
银行、保险公司	由于智能电动车偏高的价格以及技术的不成熟性，可能会提高银行、保险公司在新的价值网络中的地位
第三方企业	在新的商业模式中，一些新的服务型第三方企业，如充电桩安装运营公司、共享租赁公司、大数据公司等以前传统汽车商业模式中所没有的或者不占据重要位置的第三方企业可能会在新的价值网络中发挥重要作用

3. 建立智能电动汽车商业模式创新情景

智能电动汽车创新维度的确立需要充分考察哪些因素会受到“智能+电动”这一概念的影响，以及哪些因素将有利于推动智能电动汽车的普及和产业化。

由于本书第五章已经就智能化对商业模式创新的影响趋势进行了分析，本部分重点对电动汽车商业模式创新情景进行探讨。综合已有文献、电动汽车发展实践，可以看出，电动汽车商业模式创新过程中主要考虑的内容有：电池和裸车；充换电基础设施；电动车与电网的整合以及电池的回收。而这几个因素分别对应了电动汽车产业链的四个环节：汽车销售环节、充换电环节、售后服务和电池回收环节。基于此，本研究将电动汽车商业模式创新分为销售、充换电、售后和回收四个维度，并分别确定不同维度上可供选择的方案以及这些方案的综合整合方案，如图 6-3 所示。

（1）电动汽车销售环节

在电动汽车销售环节，一个最基本的问题就是汽车和电池的所有权归属。在传统汽车商业模式中，消费者一般都拥有整车的所有权。但在电动汽车商业模式中，由于电动汽车过高的价格和可持续交通概念的深入，电池和汽车的所有权可以分属于不同的所有者；同时，由于技术的差异使得一些新的利益主体包括电池制造商、电网企业等都可能会加入汽车销售环节。另外，在销售环节还涉及使用方式和支付方式的变革，这两者的创新内容在很大程度上取决于电动汽车所有权的创新。

（2）电动汽车充换电环节

这是电动汽车商业模式创新的关键环节，也是目前我国学者研究最多的领域。该环节涉及的创新要素主要包括充换电设施投资主体、充换电设施可进入性、充换电模式、信息的流动和处理、车辆到电网技术（V2G）、定价模式。

①目前，我国充换电设施行业的投资主体由哪些组织来承担还不明确，这在很大程度上依赖于政府的政策规定以及各主体之间的利益博弈。

②充电设施的可进入性（Accessibility）一般可分为三类：公共、半公共和私人。公共充电设施类似于传统汽车商业模式中的加油站；半公共充电设施对公众有一定的限制性，比如位于办公场所、商场的设施；私人充电设施主要供电动汽车用户单独使用。

③充电模式主要有三种：常规充电（慢充）、快速充电和更换电池，充电模式的选择与汽车销售模式有密切联系。这三种模式各有优缺点，未来哪一种模式将会占据主导尚不明确。

④随着信息通信技术的不断发展，充电环节信息的流动和处理逐渐成为一个关注的热点。这有助于对整个充电过程进行有效控制和监督，掌握充电信息。

⑤随着 V2G 概念的不断深入，建立电网与电动汽车可相互交换电力的环节也是电动汽车充电环节商业模式需要考虑的重要因素。V2G 可实现电力由电动车回售于电网，从而增加用户收益；电力公司可借由 V2G 调控峰谷用电，提高电网运行效率与可靠性，同时，也可提高再生能源大规模并网的可能性。

⑥收费模式与充电模式的选择密切相关，目前大多数学者均强调按照电量收费，但具体的充电价格还不确定，这主要依赖于政府政策的规定和指导。

（3）电动汽车售后服务环节

该环节是企业向用户传递服务价值并提高客户忠诚度的重要手段，其主要涉及售后服务的提供主体、售后服务的内容以及定价模式。其中，交通保证是指服务提供商保证消费者无论何时其交通出行需求总能得到满足。

（4）电池回收环节

随着电动汽车普及率的不断提高，报废电池的数量也将大大上升，其能否有效回收利用将直接影响整个产业的可持续发展和国家节能减排战略的有效实施。而目前电池回收的市场基础基本上处于空白状态，其未来发展方向存在较大不确定性。该环节所涉及的商业模式创新要素主要包括电池回收主体以及定价模式。

（5）不同维度的整合

根据形态分析法，上述各个维度不同商业模式要素的创新内容可以进行不同的组合，每一种组合即代表一种未来商业模式情景。由于销售、充换电等维度本身是一个整体，相互之间存在依赖性，因此，在将不同维度的方案进行整合的过程中，需要以全局的视角考察这些方案之间的内在一致性。下文中，图 6-3 左边的虚线列举了不同维度的方案之间存在的相互依赖性：如单个消费者的使用方式意味着整车和电池维修对消费者效用的提供而言是关键（虚线 A）；电网企业对电池所有权的拥有意味着换电模式的可能（虚线 B）；V2G 的存在将在很大程度上影响电池回收的定价模式（虚线 C）。该图右边的实线则列举了同一纬度内的方案之间存在的相互依赖性：如单个消费者对整车所有权的拥有意味着其使用方式为单个消费者，支付方式为一次性支付（实线 1、2）；私人充电设施意味着常规充电模式的选择（实线 3）；V2G 是否存在则在很大程度上影响了信息的流动和处理（实线 4、5）；常规充电意味着难以用充换电次数作为定价机制（实线 6）。

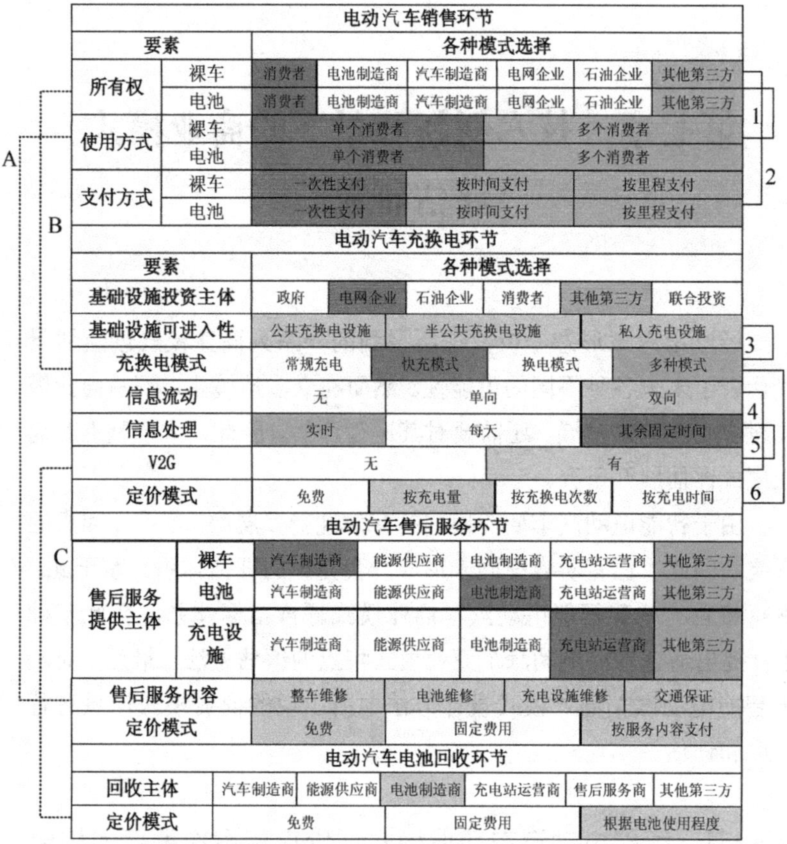

图 6-3 电动汽车商业模式情景设计

第七章　技术创新背景下的商业模式评估研究

经过第六章形态分析方法所得到的一系列商业模式创新情景仅代表了未来各种不同的可能性。然而在众多情境中，哪些商业模式适合企业未来发展，还需要对其进行评估。因此，本章重点对商业模式评估展开研究。

由于智能电动汽车商业模式的有效性受多层次、多维度因素的影响，因此，已有研究中尚未形成一套完整的评估体系。基于此，本章将首先构建智能电动汽车商业模式评价指标体系，在此基础上，提出适合智能电动汽车商业模式特点的评估方法，最后，对基于智能电动汽车商业模式设计方法中所出现的商业模式情景进行排序和评估。

第一节　智能电动汽车商业模式评价指标层次框架的构建

商业模式的评估是商业模式创新的一个重要环节。对于企业而言，在进行商业模式创新时往往需要在多个商业模式中进行评估与选择，这是企业成功进行商业模式创新的必要条件。

目前，国内外许多学者对商业模式的评估进行了探索性研究。整体来看，商业模式评估可分为两种：一是对商业模式的事前评估，即预测商业模式实施以后可能会产生的效果；二是对商业模式的事后评估，即分析企业在实施了某种商业模式后的变化。

事前评估是一种静态评估，许多学者通过对商业模式构成要素的横向评估实现对商业模式的事前评估。由于目前智能汽车并未有具体的商业模式可供评估，同时，电动汽车的主导商业模式尚未出台，大多商业模式仍在尝试阶段，因此，本书在评估时，一方面，重点以实践中的电动汽车商业模式作为评估对象，探讨评估方法的可行性；另一方面，在对电动汽车商业模式进行评估时，主要采取事前评估法，即通过构建电动汽车商业模式的评估指标对相关商业模式的实施效果进行评价。

针对事前评估方法而言，构建商业模式评价指标框架是评估电动汽车商业模式的前提。由于汽车产业本身的复杂性，其商业模式创新受到诸多因素的影响。然而，已有的研究在评价商业模式时，大多从财务视角考虑其经济可行性。但是对电动汽车商业模式而言，仅考虑经济视角是不够的，其他重要的因素如市场、基础设施、生产技术、文化等也需要全面考虑。

因此，考虑到电动汽车商业模式创新的复杂性，本书拟采用系统文献回顾法和专家访谈法，对其评价指标进行全面系统地考察，具体的研究思路和内容是：①研究商业模式评价指标使用现状。课题将通过对相关文献进行系统回顾，分析、总结目前国内外已有研究在评价商业模式中主要采取的指标因子。②研究电动汽车商业模式特点。详细阐释电动汽车商业模式发展过程，分析影响电动汽车商业模式的主要因素及创新目标。③建立电动汽车商业模式评价指标框架。根据商业模式的内涵以及电动汽车的特征，结合相关文献，对不同类型的评价指标因子进行定性分析，从而提炼出电动汽车商业模式评估指标层次框架模型。

1. 商业模式评估指标的文献分析

目前，学者在对商业模式进行评估时，选取的角度和评估指标存在较大差异。例如，哈默尔（Hamel，2000）认为应从财富潜力的角度对商业模式进行评估，具体包括效率、独特性、匹配性和营利性四个方面。高迪恩和阿克曼斯（Gordijn & Akkermans，2001）认为，商业模式评估的关键在于分析不同参与主体之间的价值流动情况。因此，他们编制了一种利润/效用表，作为商业模式评估的工具。利用利润/效用表评估商业模式主要分三个步骤进行：一是确定参与方和价值行为，编制利润/效用表，分析各参与方的价值流入和流出情况；二是对商业模式的不同部分进行评价，分析哪些价值目标创造了价值，哪些价值目标耗损了价值；三是描绘实施商业模式的愿景。莫里斯等（Morris，et al.，2005）认为，商业模式评估的关键在于评估商业模式的匹配性，包括内部匹配性和外部匹配性。前者主要指商业模式构成因素与企业内部之间的相互匹配；后者主要指商业模式构成因素与外部环境之间的匹配。

下文表 7-1 列举了一些学者在评估商业模式时，所建立的评估指标体系。可以看出，不同学者往往根据各自的研究对象而建立相对应的评估指标，这些指标大多与商业模式的构成要素密切相关。但总体来看，目前商业模式评估研究还处于较低层次，主要表现在两个方面。首先，评估指标设置过于简单，只有个别研究者从多视角评估商业模式。大多数研究者往往只采用涉及商业模式表面层次的指标，如营利性等。事实上，商业模式是一个内容非常丰富的概念，必须从多环节、多视角进行全方位的评估。其次，评估工具过于简单。从目前看，大多数研究者采用简单或者定性方法来评估商业模式，而没有采用复杂或定量工具，因此，造成了无法形成统一标准的局面，降低了商业模式评估的科学性。

对于电动汽车商业模式而言，其本身具有多层次性特征，包含外部环境、传统汽车、电动汽车本身不同层次，同时，还涉及技术、市场、消费者习惯、政策、文化、基础设施等诸多因素。因此，有必要针对电动汽车本身的特点和商业模式的内涵，探索建立一套电动汽车商业模式评估的指标体系及评估方法，帮助相关企业和部门开发、评估和选择最佳商业模式。

表 7-1　商业模式评估指标部分相关文献

序号	相关文献	第一层评估指标	第二层评估指标
1	孙连才，王宗军.基于动态能力理论的商业生态系统下企业商业模式指标评价体系[J].管理世界，2011（5）	动态市场环境	市场定位准确程度、目标市场响应能力、消费者目标群体适应度
		外部技术条件	技术变化、企业商务电子化程度
		企业管理	客户关系、差异能力、执行响应速度、供应链管理柔性程度
		价值创造	轻资产经营绩效、收入流健康程度、企业价值网络
		组织文化	品牌形象柔性程度、价值主张适应度
		资源	核心能力、战略性资源适应度
2	刘卫星，丁信伟.基于六维平衡计分卡的商业模式评价体系构建[J].工业技术经济，2010，29（12）	客户层面	产品功能价值、订单新增率、客户满意度、客户保持率、市场份额
		内部流程层面	产品生产周期、一次合格率、成本费用利润率、库存周转速度、生产柔性水平、设备使用率、订单完成率
		财务层面	研发费用比例、净资产收益率、应收账款周转率、库存资金占用比例、营销费用比例、股票价格、融资成本
		伙伴层面	供货及时率、供货一次合格率、供货能力、服务满意度、合作关系、合作内容
		社会层面	企业品牌认知度、产品市场容量、产品差异化程度、竞争者数量、环保投入比例、就业人数
		学习与成长层面	新产品比例、新产品研发周期、研发投入增长率、员工满意度、科技人员比例

续表

序号	相关文献	第一层评估指标	第二层评估指标
3	原磊，张小光. 商业模式评估的理论框架研究[J]. 中国社会科学院研究生院学报，2016(1)	创新性	顾客价值创新、顾客成本创新
		协同性	共用效果、互补效果、同步效果
		占优性	资源占优性、能力占优性
		风险性	外部风险、内部风险
4	李宁，郭毅夫，王岩. 云管理商业模式及评估[J]. 中国管理科学，2012(S2)	客户目标群体	市场渗透能力；可扩展性
		分销渠道	渠道结构、运维成本
		客户关系	产品/品牌认知度、客户满意度
		核心能力	竞争策略、优势持续性
		合作伙伴	合作关系稳定性、竞争能力
		成本结构	成本结构
		收入模型	收入来源、市场份额、利润率
		内部价值链	定位、市场拓展性
5	周辉，李亭亭，郭本海. 战略性新兴产业中核心企业商业模式评价实证研究[J]. 科技进步与对策，2013，30(22)	财务维度	总资产额、净资产收益率、成本结构合理性、总成本费用利润率
		技术维度	研发投入率、研发人员比例、专利技术数量水平、专利技术增加率
		成长维度	企业经营者能力、人才结构和人才机制、政府扶持力度、员工满意度
		市场维度	市场定位准确度、市场占有率、客户满意度、客户保持率、价值平台广度、价值平台深度、新市场开发程度
		产业维度	联盟企业数比重、供应链合作关系、企业经济利益共享度、客户信息共享度、企业销售利税率
		社会环境维度	提供就业数比例、能源节约水平、温室气体排放水平
		异质性维度	正式制度关系水平、非正式制度关系水平、封闭式隔绝度、开放式隔绝度

续表

序号	相关文献	第一层评估指标	第二层评估指标
6	Chang S. C., Tsai P. H., Chang S. C. A hybrid fuzzy model for selecting and evaluating the e-book business model: A case study on Taiwan e-book firms[J]. Applied Soft Computing, 2015(34)	商业战略	企业战略、企业形象、企业经历、产品同类性
		财务维度	利润、生产成本、运维费、风险规模
		市场维度 产品/服务质量	市场规模、市场潜力、竞争优势、模仿难度 可靠性、使用友好性、体验式服务、价值主张独特性、消费者关系和忠诚度
		运营维度	所需要的技术、创新性机会、发展能力、合法性问题、所需的材料和设施、进入市场的时机

2. 商业模式评估指标的建立

根据商业模式评估指标的已有研究以及国内外电动汽车商业模式发展现状，本部分将在详细分析电动汽车商业模式特点的基础上，建立电动汽车商业模式评估指标。

（1）价值主张层面

价值主张是指该商业模式通过向消费者提供基于技术的产品或服务，从而为消费者创造价值。从现有的电动汽车商业模式创新可以看出，电动汽车本身的产品创新是商业模式创新的起点和来源，特斯拉的商业模式创新最根本的在于产品的创新。目前，国内许多消费者对电动汽车产品本身并不了解，对其安全性、可靠性、舒适性、便利性等方面存在购买疑虑。因此，在电动汽车商业模式创新中，该商业模式能否为消费者提供不同于甚至优于传统汽车本身为消费者提供的价值主张，是衡量商业模式的关键因素。

奥斯特沃尔德（Osterwalder，2004）将价值主张优化分解为归因（Reasoning）、价值水平（Value Level）、价格水平（Price Level）

和生命周期（Life Cycle）四个基本要素，其中每个基本要素本身又包含着不同的内容和层次。

归因要素主要强调的是为什么该商业模式所提供的产品（服务）或价值主张对消费者而言是具有价值的。归因要素本身包含三个方面内容。

①使用性。该内容强调当产品或服务本身被消费和使用时，其能为消费者带来价值，同时，产品本身的一些特点（如产品特性、设计等）能够满足消费者的需求，从而为消费者创造价值。

从这一角度讲，电动汽车商业模式价值主张优化可以通过改善产品外观、提高电动汽车本身性能以及为消费者提供信息服务等方面为消费者创造更多的价值。

②风险性。该内容强调通过降低消费者的各种风险来为消费者创造价值，这些风险包括财务风险、产品质量性能等。

从这一角度讲，电动汽车商业模式价值主张创新可以通过完善电动汽车相关的保险、售后维修、回购合同等各方面内容，来降低消费者因购买电动汽车所引致的一些风险。特别是在电动汽车产业发展初期，由于电动汽车本身技术性能等方面的不完善以及消费者对电动汽车的不了解，使得降低风险性成为电动汽车产业价值主张的一个重要内容。

③便利性。该内容强调通过新的优化方法为消费者提供更多的便利性。

从这一角度讲，电动汽车商业模式价值主张优化可以通过培训、宣传等方法提高消费者对电动汽车使用、充电等各个环节的熟悉度，降低消费者搜寻电动汽车销售地点、充电设施、售后维修服务等各方面信息的时间和成本，为消费者提供便利的、价格优惠的维修服务和相关培训等内容。在电动汽车产业发展初期，由于电池技术的不完善以及充换电基础设施网络建设的不完善，使得消费者在充电、长途行驶等方面存在一定的不便利性，因此，不断完善便利性的价值主张，对于提高电动汽车本身的相对优势而言具有重要意义。

价值水平

价值水平又称消费者效用，该要素强调企业可以通过衡量自身为消费者提供的价值水平高低来衡量对消费者效用满足水平的高低，从而可以与竞争对手之间进行横向对比。Osterwalder 提出四个定性的衡量标准：

①一致性价值水平：强调企业通过为消费者提供产品或服务，实现为消费者创造的价值与其竞争对手基本一致。

从这一角度讲，电动汽车价值主张优化意味着电动汽车本身需要与传统汽车采取基本一致的方式为消费者提供相同或相似的价值水平。

②创新性模仿：强调企业模仿已有的价值主张，并在此基础上增添一些创新性价值主张要素。

从这一角度讲，电动汽车价值主张优化意味着电动汽车在为消费者提供与传统汽车相同的价值主张的基础上，通过添加一些创新性价值主张要素，比如较低的价格、个性化的服务等来提高自身的吸引力。

③优越性价值水平：强调企业通过把自身所提供的价值推向极致从而满足消费者对一些极致性价值的需求。

从这一角度讲，电动汽车价值主张优化意味着电动汽车要通过提供一些极致性产品或服务为汽车使用者创造更具有个性化的价值，满足消费者的个性化效用需求。

④创新性价值水平：强调企业通过提供与竞争对手完全不同的产品或服务为消费者提供不同的价值。

从这一角度讲，由于电动汽车本身与传统汽车的类似性，仅从产品本身而言难以有效提供完全不同于传统汽车的创新性价值水平，因此，应从相关的配套服务等方面着手，开发创新性价值。

价格水平

价格水平基本要素主要包括免费、低价格、市场价格和高价格四类。目前，由于生产规模和电池技术等因素导致电动汽车购买价格高于同类型的传统汽车，因此，为了在价格水平上具有竞争优势，电动汽车价值主张优化强调可以通过其他渠道如维修、充电、信息提供、软件内容服务提供等为消费者提供价格优惠。当然，电动汽车也可以选择高价格价值主张，通过对自身定位的打造以及目标客户的选择，以高价格方式实现价值主张优化。

生命周期

产品的价值主张应该体现在产品的不同生命周期阶段，Osterwalder 根据产品生命周期的不同阶段，将价值主张分为价值创造、价值购买、价值使用、价值更新和价值转移五个不同的阶段或环节。

①价值创造阶段：通常来讲，以往的价值创造环节很少会涉及消费者，产品或服务一般都由研发和营销部门进行创新。价值创造环节提供的价值主张主要强调通过各种技术手段如信息通信技术将消费者纳入整个价值创造的流程，从而可以使消费者本身的个性化需求在价值创造环节得以体现。

从这一角度讲，电动汽车价值主张优化强调可以通过该环节的创新，提高消费者在电动汽车生产环节的参与度，在提高消费者对电动汽车本身认知度的同时，满足其个性化需求。

②价值购买阶段：这一阶段的价值主张主要强调通过改善消费者的购买过程为消费者创造价值。

从这一角度讲，电动汽车价值主张优化强调价值购买阶段的完善可以提高其相对于传统汽车的购买优势。电动汽车可以通过使消费者购车、提车、购买保险等各个购买环节更为简化或便利化，甚至可以通过革新传统的销售渠道来提高购买阶段的价值主张。

③价值使用阶段：通常情况下，消费和使用产品或服务本身是为消费者创造价值最常见的方法和环节。

从这一角度讲，电动汽车价值主张优化强调电动汽车需要为消费者提供超过电动汽车本身的价值，注重提高电动汽车本身的附加值，从而改变电动汽车仅仅作为一个交通工具的产品定位，使得消费者在使用电动汽车的过程中，获得更多的效用满足，而不仅仅是交通需求的满足。另外，由于电动汽车目前尚未真正进入私人汽车市场，因而在保险服务、保险成本、维修成本、维修质量、维修便利性方面还存在空白领域，但传统汽车在这些价值提供上也尚有较大空间，这为电动汽车创新价值主张提供了机会。

④价值更新阶段：该阶段强调在产品使用之后、到期之后或者不能发挥功能的情况下，通过各种手段重新为该产品注入原有的或新的价值，从而使消费者在继续使用该产品的过程中获得效用满足。

从这一角度讲，电动汽车价值主张优化强调在电动汽车本身寿命到期或者电池寿命到期后，汽车企业或相关企业可以通过更换电池、提供维修服务或者其他手段，重新使电动汽车本身获得价值，能够继续满足消费者的需求。

⑤价值转移阶段：该阶段强调消费者在购买产品后，可以通过转移该产品获得价值。

从这一角度讲，电动汽车价值主张优化强调要完善和规范电动汽车二手交易市场，完善电动汽车电池回收，使整个交易流程更为便利，提高消费者在交易中获得的价值，从而提高消费者的效用满足度。

根据 Osterwalder 的相关研究以及电动汽车商业模式创新实践，本研究认为价值主张层面的衡量指标主要包括：产品的使用性、产品的风险性、产品的便利性、价格水平等四个方面。

（2）价值网络层面

价值网络是商业模式的重要构成要素，其主要描述了网络中包含的不同主体以及这些主体在整个网络中所处的地位和角色。电动汽车的发展在很大程度上改变了传统汽车的原有价值网络，一些新的主体将参与到电动汽车新的价值网络中，而一些原有的主体将会退出，因而，对于电动汽车商业模式创新而言，价值网络的重新建构是商业模式创新过程中的重要环节。

从电动汽车角度而言，涉及价值网络层面的衡量指标主要包括：合作关系的稳定性、收益分配的合理性这两个方面。

（3）收入/成本层面

成本结构指为创造和传递价值主张所必须支付的成本；收入模式描述的是通过各种收入流获利的方式，收入和成本的差值构成了利润来源。

在电动汽车商业模式创新实践过程中，成本和收益是非常关键的一个环节。许多商业模式，特别是充电环节由于缺乏有效的收益模式，导致整个商业模式不具备可持续性。

从电动汽车角度而言，涉及收入/成本层面的衡量指标主要包括：收入模式的合理性、成本的可承受性、利润的可持续性这三个方面。

（4）市场层面

市场层面主要强调从客户角度分析该商业模式，包括市场细分、分销渠道和客户关系。①市场细分强调电动汽车商业模式必须要明确这一创新性技术对于哪些消费者来说是有用的。②分销渠道是电动汽车商业模式中的各个企业借以与客户联系的方式。③客户关系则主要强调该商业模式与特定市场细分客户群之间建立的关系类型。

从电动汽车角度而言，涉及市场层面的衡量指标主要包括：市场定位的准确程度、目标市场响应能力、渠道结构、运维成本、客户满意度等五个方面。

（5）可持续性层面

电动汽车研发本身是为了解决当前的环境问题，因此，从绿色技术本身特性而言，电动汽车商业模式需要具有可持续性发展层面，这是目前许多电动汽车商业模式评估中所忽略的。波恩和吕德克-费莱德（Boon & Lüdeke-Freund，2013）就重点从商业模式角度探讨了可持续性问题。

从电动汽车角度而言，涉及可持续层面的衡量指标主要包括：价值主张的生态性、供应链的绿色性、目标群体的社会责任感等三个方面。

由于本研究所关注的商业模式评估更多地是从整个价值网络和产业的角度进行探讨，因此，在评估指标中不特别强调企业内部的价值链、关键资源等的匹配度。综合以上内容，可以得出电动汽车商业模式评价指标层次框架，如表 7-2 所示。

表 7-2　电动汽车商业模式评估指标框架

	第一层	第二层
评估指标框架	价值主张层面（V）	产品的使用性 V_{11}、产品的安全性 V_{12}、产品的便利性 V_{13}、价格水平 V_{14}
	价值网络层面（N）	合作关系的稳定性 N_{11}、收益分配的合理性 N_{12}
	收入/成本层面（R）	收入模式的合理性 R_{11}、成本的可承受性 R_{12}、利润的可持续性 R_{13}
	市场层面（M）	市场定位的准确程度 M_{11}、目标市场响应能力 M_{12}、渠道结构 M_{13}、运维成本 M_{14}、客户满意度 M_{15}
	可持续层面（S）	价值主张的生态性 S_{11}、供应链的绿色性 S_{12}、目标群体的社会责任感 S_{13}

第二节　商业模式评价模型的构建

电动汽车商业模式是一个复杂系统，涉及多个要素、多个主体。面对这一复杂系统，研究者由于自身专业知识和背景的差异以及思维的模糊性，导致有些评估信息可能是不精确或不确定的。结合电动汽车商业模式评估指标的多样性，可以看出，电动汽车商业模式的评估本质是复杂环境下的不确定、多属性决策问题。

通常，传统的数据工具难以解决模糊和不确定问题，在此背景下，模糊集理论、区间数理论、粗糙集理论和概率论等不确定理论得到了广泛的发展和应用。然而，上述理论自身也存在着固有的局限性，为了克服这些局限性，莫洛特索夫（Molodtsov，1999）首次提出软集的概念，这一概念是一种全新处理不确定性的数学工具。由于软集理论比传统的不确定理论能更加灵活地刻画问题的不确定性本质，越来越多的学者开始研究软集，并逐步将软集理论与其他不确定理论相结合，提出模糊软集、粗糙软集等概念。如，卡格曼和恩格诺格鲁（Cagman & Enginoglu，2010）提出了一种两方参与基于分明软集的方案筛选的 uni-int 决策方法；蒋等（Jiang，et al.，2011）提出了基于直觉模糊软集的多属性方案选择方法。

由于本研究的研究对象，为多主体共同参与的群决策问题，且决策过程中存在信息不确定性问题，因此，本书主要基于李铭洋等（2013）、赵海燕等（2016）的研究，采用针对具有多个主体参与评价且不同主体由于自身认知和背景差异，评价指标有差异且存在模糊性的基于模糊软集的决策方法。

1. 软集和模糊软集相关概念

根据 Molodtsov（1999）的研究，软集的定义如下。

定义 1：设 U 为一个非空集合，称为初始论域，E 为一个参数集合，设 $P(U)$ 为 U 的幂集。A 为 E 的子集，即 $A \subseteq E$，则称（F, A）为 U 上的软集。其中，F 为 A 到 U 的一个映射，$F: A \rightarrow F(U)$。

定义 2：设 U 为初始论域，E 为一个参数集合，设 $F(U)$ 表示 U 的所有模糊集的集合，设 $A \subseteq E$，则称（F, A）为 U 上的模糊软集。这里，$F: A \rightarrow F(U)$ 为映射。

马吉等（Maji，et al., 2001）提出了软集的二维表格表示和选择值的概念，如表 7-3 所示。

表 7-3　软集的二维表格表示及其选择值

U	参数 e_j	选择值 c_i
候选方案 h_i	h_{ij}	$c_i = \sum_j h_{ij}$

由表 7-3 可以看出：当为一般性的分明软集时，如果候选方案 h_i 具备参数 e_j 的特性，则 $h_{ij}=1$，否则为零；当为模糊软集时，则候选方案 h_i 在参数 e_j 的隶属度为 h_{ij}，其中 $h_{ij} \in [0, 1]$。

定义 3：假设（F, A）和（F, B）是论域 U 上的两个模糊软集，称（F, A）∩（F, B）为模糊软集（F, A）和（F, B）的“与”，定义（F, A）∩（F, B）=（$H, A \times B$），其中 $H(a, b)=F(a) \cap F(b)$；H 是 $A \times B$ 到 U 的一个映射：$H: A \times B \rightarrow U$，称为模糊软集的且运算。

2. 多主体模糊软集决策方法

电动汽车商业模式评估指标，一方面需要从价值主张、合作伙伴、定价机制等不同模式要素进行考虑；另一方面也需要从电动汽车的生产、销售、使用以及回收等不同环节来考察，具体指标具有不确定性和模糊性。而且，由于电动汽车商业模式的评估涉及多要素、多环节，但因个人知识的有限性及背景知识、立场的不同，需要集思广益，通过集体来决策。具体来看，不同专家由于背景知识等的差异，对电动汽车商业模式评估指标的认知和理解可能会存在差异，也就是说，不同专家所认同的具体评估指标可能会出现差异化。因此，采用多主体参与方案评价的模糊软集决策方法，不仅可以考虑到专家评估信息的模糊性，还可以考虑到不同专家评估指标的差异化，从而更加客观地描述电动汽车商业模式创新实践。

具体来讲，多主体模糊软集决策方法的步骤如下。

第 1 步：根据决策者 D_s（$s=1, 2, \cdots n$）所考虑的参数集合 E_s 和隶属度矩阵 A_s，将各方案关于各参数的评价信息表示为模糊软集（F_1，E_1），（F_2，E_2），…（F_n，E_n）。

第 2 步：综合各决策者的评价信息，基于对定义 3 的扩展，做模糊软集（F_1，E_1），（F_2，E_2），…（F_n，E_n）的且运算。即，（H，$E_1\times E_2\times\cdots\times E_n$）=（$F_1$，$E_1$）∧（$F_2$，$E_2$）∧…∧（$F_n$，$E_n$）。

第 3 步，根据第 2 步得到的新的模糊软集，基于式（7-1）和（7-2）构建比较矩阵 C。

对于 $\forall t\in\{1, 2, \cdots l\}$，设

$$\delta_{irt}=\begin{cases}0, & \lambda_{it}<\lambda_{rt}\\ 1, & \lambda_{it}\geqslant\lambda_{rt}\end{cases} \tag{7-1}$$

其中，l 表示第 2 步新生成的模糊软集的新参数个数，$r, t=1,2,3\cdots m$，m 表示待评估方案的个数。则比较矩阵记为 $C=\left[c_{ir}\right]_{m\times m}$，其中

$$c_{ir}=\sum_{t=1}^{l}\delta_{irt} \tag{7-2}$$

C_{ir} 是方案优劣的比较量度，若 $C_{ir}>C_{ri}$，则表示在综合考虑 l 个指标参数的情况下，方案 U_i 优于方案 U_r。

第 4 步，根据式（4-3）计算方案 U_i 的优势度 S_i，$i=1,2,3\cdots m$，并据此对所有方案进行排序。其中方案 U_i 的优势度为 S_i 为

$$S_i = \sum_{r=1}^{m} \left(c_{ir} - c_{ri} \right) \quad (7\text{-}3)$$

3. 主要电动汽车商业模式类型

由于目前电动汽车商业模式仍处于探索与创新阶段，相关企业都在摸索新的、适合电动汽车的商业模式，有关电动汽车商业模式的类型也较为繁多。出于研究的需要以及篇幅的考虑，本部分以第五章第一节的表 5-1 中所列的商业模式作为评估对象。

4. 专家评估信息

电动汽车商业模式是一个复杂的系统，受各种因素的影响，本部分以表 7-2 为基础对电动汽车商业模式进行评估。

为了对我国电动汽车商业模式进行有效评估和衡量，并保证评估的全面性、准确性和代表性，本研究首先选择了电动汽车领域和商业模式领域的 7 位专家，在此基础上，根据每位专家在汽车行业的工作年限、职位职称、所在单位性质等，最终确定了对 3 位相关领域的专家进行访谈和调研。

这 3 位专家分别来自企业、政府和科研单位，体现了电动汽车产业发展所需要的产学研相结合的特点。首先，专家所在单位的地点涉及上海、深圳和杭州 3 个城市，这 3 个城市均为我国第一批电动汽车示范运营城市中的双试点城市和第二批示范运营城市，其电动汽车商业模式创新情况在全国表现较为突出，如表 7-4 所示。其次，所有专家均具有副高以上职称或在本单位内担任领导职位；均从事电动汽车产业或商业模式相关研究工作多年，并且企业专家均有 10 年以上汽车行业的工作经验和相关管理经验。再次，所访谈的企业专家来自电动汽车产业链的不同环节，既包括了整车厂商，也包括了基础设施服务商；既包含了传统汽车行业的在位者，也包含了电动汽车行业的新进入者；既包含了国有企业，也包含了民营企业。因此，本研究所选取的3位专家具有典型的代表性，能在很大程度上保证评估的全面性和准确性。

表 7-4 专家背景信息

编号	所在单位类型	单位所在地点	职位/职称
1	大学	杭州	教授
2	企业	上海	总工程师/博导
3	政府	深圳	副主任/研究员

由于每位专家均代表了不同的主体类型，因此，本研究在综合专家的评估信息时，赋予每位专家相同的权重。每位专家在面对待评估的对象，即电动汽车商业模式时，需根据自身的经验，基于表7-2对每一商业模式下的具体衡量指标进行评估打分，根据本研究所采用的决策分析方法，专家在具体打分时，分值控制在［0，1］之间；同时，专家可根据自身的经验和判断，对表7-2的相关指标进行增删，以便能够有效地获取每个专家的评估信息。表7-5、7-6、7-7列出了3位专家的具体评估结果。

表 7-5 专家一的评估信息

	V_{15}*	N_{12}	R_{11}	M_{11}	M_{13}	S_{11}
B_1	0.8	0.7	0.8	0.4	0.4	0.8
B_2	0.7	0.8	0.7	0.5	0.3	0.7
B_3	0.9	0.7	0.6	0.9	0.7	0.6
B_4	0.5	0.6	0.6	0.5	0.5	0.5
B_5	0.7	0.6	0.7	0.7	0.7	0.7
B_6	0.9	0.7	0.9	0.9	0.5	0.9
B_7	0.2	0.4	0.6	0.8	0.8	0.7

注：*表示专家新增加的指标，其中 V_{15} 表示产品/服务的独特性

表 7-6　专家二的评估信息

	V_{11}	N_{11}	R_{11}	R_{12}	M_{11}
B_1	0.8	0.3	0.7	0.2	0.7
B_2	0.7	0.6	0.6	0.4	0.5
B_3	0.9	0.7	0.8	0.6	0.9
B_4	0.6	0.5	0.6	0.6	0.5
B_5	0.9	0.8	0.7	0.5	0.7
B_6	0.6	0.8	0.6	0.5	0.8
B_7	0.5	0.6	0.7	0.6	0.3

表 7-7　专家三的评估信息

	V_{12}	N_{11}	M_{15}	S_{11}
B_1	0.9	0.2	0.7	0.8
B_2	0.7	0.7	0.6	0.7
B_3	0.6	0.6	0.9	0.6
B_4	0.6	0.8	0.5	0.6
B_5	0.6	0.8	0.9	0.6
B_6	0.9	0.7	0.6	1
B_7	0.5	0.5	0.4	0.6

5. 模型计算结果

获取每位专家的影响程度评估信息后，根据模型实施流程，首先将表 7-5、7-6、7-7 中每个专家的评估信息转化为模糊软集（F_1，E_1），（F_2，E_2），…（F_7，E_7）。综合各决策者的评价信息，基于对定义 3 的扩展，作模糊软集（F_1，E_1），（F_2，E_2），…（F_7，E_7）的且运算，计算结果如附表 A 所示。然后，根据式（7-1）和（7-2）进行运算，得到比较矩阵 C，如表 7-8 所示。

表 7-8　各方案比较矩阵

	B_1	B_2	B_3	B_4	B_5	B_6	B_7
B_1	109	42	26	30	30	27	47
B_2	72	109	37	69	35	34	84
B_3	86	98	109	109	89	87	109
B_4	79	70	14	109	44	48	103
B_5	87	93	63	103	109	87	106
B_6	84	98	57	103	76	109	104
B_7	68	41	7	34	20	22	109

最后，根据式（7-3）得到每个方案的优势度，从表 7-9 可以看到，方案 B_3 优于 B_5 优于 B_6 优于 B_4 优于 B_2 优于 B_1 优于 B_7。

表 7-9　各方案优势度

	B_1	B_2	B_3	B_4	B_5	B_6	B_7
S_i	−274	−111	374	−90	245	217	−361

从模型计算结果可以看出，专家整体认为，电动汽车在推广过程中，特别是初期，其商业模式应有明确的市场定位，需要注重提高产品的使用性，从而打破消费者对电动汽车产品质量较低的惯有看法。然后，随着电动汽车普及程度的不断提高，目标市场需要逐步扩展，应积极采用线上和线下双重渠道进行推广。另外，电动汽车商业模式创新必须充分考虑该商业模式所引致的成本，避免由于支出过大而造成创新失败。

政策篇

本篇旨在对我国智能电动汽车商业模式创新进行深入分析的基础上，提出如何更好地推动我国智能电动汽车产业发展和商业模式创新的相关政策建议。基于此，本文在分析国外主要国家培育智能电动汽车产业的实践基础上，结合我国智能电动汽车发展现状，提出了我国进一步推动智能电动汽车产业发展和商业模式创新的路径和政策建议。

第八章　国外培育智能电动汽车产业的实践分析

第一节　美国

美国很早就开始了智能汽车的研发，并将其作为国家战略来推动，其交通部作为核心部门主导整个战略，形成了国家主导智能汽车发展的联合推进机制。具体来讲，美国推动智能电动汽车产业发展的措施主要有以下几个方面。

1. 政府主导推动

美国智能电动汽车产业的发展在很大程度上体现了政府推动的特点，政府在推动智能电动汽车产业发展过程中，更多地是从智能交通系统这一更大的交通环境构建的角度进行考虑。

1991 年，美国国会通过了《陆上综合运输效率化法案》，旨在利用高新技术和合理的交通分配提高整个路网的效率，确立了改善环境、提高能源效率、开发经济而高效的全国综合运输系统的奋斗目标。由美国运输部负责全国智能交通系统（ITS）工作，此后 6 年中政府拨款 6.6 亿美元，从此开启了美国 ITS 的大规模研究。

1992 年 5 月，美国智能交通协会（ITS America）提出了《ITS 战略计划》(Strategic Plan for IVHS)，并于同年 12 月在国会得到通过，成为国家发展战略的主框架。该规划提出了美国 1992 年之后

20 年 ITS 发展目标：①提高道路运输的安全性；②扩大道路运输的容量并提高其效率；③提高道路运输的机动性、方便性以及舒适性；④减少道路运输对环境的负面影响及能源消耗；⑤提高道路运输系统自身的有效性及效率；⑥培育美国具有基础、效益和成长性看好的 ITS 相关产业；⑦加强和扩充 ITS 相关领域的系统教育，培养 ITS 的专门人才，促进 ITS 运输业相关组织和部门的活力；⑧确保官产学结合，在 ITS 研究开发、现场验证试验、实用化各个阶段实现一体化。

1995 年，美国运输部与 ITS America 联合提出《美国国家 ITS 项目规划》，详细阐述了包含 ITS 的推进目标、投资决策、基础设施、用户服务等内容的引导性政策，并制定了具体研究计划。

从技术发展阶段的角度，自 1991 年美国开始大规模进行 ITS 技术研究、验证开始，到 1998 年某些技术已经逐渐成熟。在这样的背景下，1998 年美国政府颁布《面向 21 世纪的运输平衡法案》（*Transportation Equity Act for the 21st Century，TEA-21*），从立法的角度宣布重点由 ITS 研究开发转移为 ITS 基础设施实施和集成，美国 ITS 的发展正式进入实际应用阶段。

1999 年，国会批准美国《国家 ITS 五年项目计划》（*National ITS Program Plan Fire-year Horizon*）。作为 TEA-21 法案的执行计划，提出了发展智能交通设施与智能汽车两大重点方向，并且提出从交通系统的角度，通过道路交通与智能车辆的无缝连接，提供最优的交通信息与交通控制，以提高交通运行的安全性以及通行率。

2013 年，美国高速公路安全管理局（NHTSA）对智能汽车进行了界定，将其分为无智能化、具有特殊功能的智能化、具有多项功能的智能化、具有限制条件的无人驾驶、全工况无人驾驶五个层次。根据该分类，美国于 2010 年实现驾驶辅助（DA），ADAS Level 1；2015 年实现部分自动辅助（PA），即 PA Level 2；2020 年实现高度自动辅助（HA），即 HA Level 3；2025 年实现完全自动辅助（FA），即 FA Level 4。

2. 法律法规先行

美国政府在推动智能电动汽车发展过程中，非常注重法律法规的制定，通过法律法规为智能电动汽车产业发展提供良好的政策生态环境。

2007 年，NHTSA 颁布法规称，自 2009 年起，55%的总重量小于4.5 吨的新型乘用车及轻型卡车必须装配 ESP（Electronic Stability Program，即电子稳定控制系统），从 2012 年起该比例上升为 100%。

2013 年，为进一步推动自动驾驶车辆的应用，NHTSA 发布了第一个关于自动驾驶汽车的政策《关于自动驾驶车辆的初步政策声明》（*Preliminary Statement of Policy Concerning Automated Vehicles*）。根据前期研究的成果，该政策主要提出了以下三方面的内容：①给出了 NHTSA 对自动驾驶等级的定义（如前所述）；②制定了 NHTSA 在自动驾驶领域主要支持的研究方向，如表 8-1 所示；③提出了各州在推动无人驾驶汽车测试应用方面的建议。

2016 年 1 月，美国交通部长代表政府宣布未来 10 年将在资金层面上给予 40 亿美元的资金支持，同时在两年内豁免行业 2500 辆汽车遵循现行相关交通安全规定。这是第一次在国家法律层面上对自动驾驶技术进行扶持与引导。

2016 年 3 月，NHTSA 通过决议，肯定了自动驾驶汽车的合法性。

表 8-1 主要研究方向

研究领域	目 标	支持方向	描 述
人为因素	主要集中于 Level2、Level3 自动化等级车辆的人机交互需求研究，保证驾驶员与车辆在自动驾驶、非自动驾驶安全的切换与信息交互	驾驶员-车辆交互研究	评价驾驶员与车辆交互方法，保证车辆安全驾驶
		合理的车辆控制功能分配研究	1.控制优先级划分与设计； 2.驾驶员-车辆控制切换方法研究； 3.驾驶员接管车辆控制方法研究
		驾驶员接受度研究	影响驾驶员接受度的因素研究（报警频率，报警声音，自动驾驶系统可靠性、有效性等）
		驾驶员培训研究	评价对于 Level2、Level3 自动化等级车辆对于驾驶员培训方面的需求
		开发人因研究分析工具	开发人机因素、系统性能测试与评价的工具（仿真、测试车辆等）
电控系统安全性研究	1.研究功能安全相关要求； 2.研究网络信息安全	系统安全及可靠性研究	1.功能安全，定义电控系统功能安全要求；2.失效模式，评估电控系统相应失效模式及等级；3.失效概率，评估电控系统硬件失效概率；4.故障诊断，评估系统故障自诊断的要求以及可行性，研究故障人机交互方法；5.冗余研究，研究高安全性自动驾驶系统所需冗余的硬件、软件、数据交互、基础设施等需求；6.功能降级能力研究；7.自动驾驶汽车认证需求以及流程研究
		网络信息安全	1.抗黑客攻击的能力研究； 2.网络系统潜在风险研究； 3.网络安全系统的有效性研究； 4.网络安全对系统性能的影响研究； 5.网络信息安全系统的认证方法研究

续表

研究领域	目标	支持方向	描述
开发自动驾驶系统性能需求	Level2 到 Level4 等级的自动驾驶系统技术要求定义、应用场景研究，支持各类产品开发	功能需求分析	Level2、Level3 等级系统概念与功能要求设计
		数据分析	驾驶员行为数据、交通事故数据分析与典型场景提取
		评估 Level2、Level3 自动驾驶系统约束条件	针对不同交通场景、驾驶员能力、环境气候、道路类型等因素，分析不同自动驾驶系统约束条件
		测试评价方法研究	针对 Level2、Level3 类系统，基于真实交通场景，开发道路测试/仿真测试方法
		确定 Levle2，Level3 类系统性能边界	基于仿真、测试结果，研究自动驾驶系统性能指标，包含最大加减速度，最大横向速度，最大横摆角速度及其他车辆动态性能参数
		电控系统研究成果汇总	1.理解自动驾驶系统失效模式； 2.确认自动驾驶系统关键失效点及系统失效动态与静态响应
		测试标准研究	开发自动驾驶系统客观性能测试方法及评价指标

2016 年 9 月 20 日，美国交通部正式颁布《自动驾驶汽车联邦政策》以及针对从事自动驾驶技术厂商的首份指导意见书，为自动驾驶技术的安全检测和运用提供指导性的监管框架。该政策主要包括四个部分：①自动驾驶机动车的性能指南，提出 15 项安全评估标准（包括数据记录和共享，隐私，系统安全，机动车

辆网络安全，人机切换界面，耐撞性能，消费者教育和培训，注册和确认，碰撞后表现，联邦、州和地方法律，道德考量，操作设计领域，物体及事件的探测和响应，应急措施，检验方法)；②明确了联邦和州政府不同的监管职责，强调了州政府监管的重要作用（该条例明确了联邦政府和州政府在自动驾驶车辆监管中承担的不同责任，并且列出了一些供州政府在制定相关政策时可参考的条例和范围。这部分的目标在于统一联邦政府和州政府的监管，共同开发出针对自动驾驶车辆的监管体系)；③NHTSA现行的监管措施（该部分讨论了NHTSA目前的一些监管方式，并且列出了其中能持续被应用在自动驾驶车辆监管方面的方式。此外，该部分还对现有的规定进行了完善，使自动驾驶车辆的设计拥有更高的灵活性和空间)；④新的监管措施、有权机关和监管架构。

新政策发布的同时，NHTSA做出了呼应，发布了相应的关于NHTSA如何执行《联邦自动驾驶汽车政策》的文件，并特别指出，若出现半自动化驾驶系统在危险情况下，导致司机无法重新控制车辆而产生不可控的风险，NHTSA将会进行强制性召回处理。

3. 注重道路测试

美国政府一向对自动驾驶的测试和应用持积极推动的态度，根据美国联邦政府的要求，老牌汽车厂商无需向监管机构提交免责申请即可进行自动驾驶测试，但新进入汽车领域的公司无法享受同等待遇。

2011年，美国内华达州通过了在该州测试自动驾驶汽车合法化的法律，2012年，该州为谷歌颁发了全美首例“自动驾驶”汽车牌照，允许谷歌自动驾驶汽车上路测试。2015年5月，第一辆自动驾驶卡车获准上路测试。

紧接着，加利福尼亚州、佛罗里达州、密歇根州等也都通过了相关法律，并为自动驾驶汽车颁发测试牌照。在上述各州的法案中，强调自动驾驶汽车行驶在公共道路上时，车内必须要有具有驾照的司机乘坐，以便在汽车自动驾驶系统出现问题时及时接管。截至 2016 年 10 月，已经有 17 家汽车公司被批准在加州公路上进行无人车测试。2016 年 11 月，俄亥俄州宣布将从 2017 年开始在州内的公路上安装光线电缆网络以及传感器系统，为将来自动驾驶汽车测试提供便利条件。2017 年 4 月，苹果公司获准在加州测试自动驾驶汽车。目前，其他新进入的已获准在该州测试自动驾驶汽车的公司有谷歌、特斯拉等。

为了推动道路测试的发展，美国从一开始就比较重视测试场的修建。目前，美国已修建 3 家测试场：分别是密歇根大学的自动驾驶试验区（M-City）、密歇根州在建的美国移动中心（ACM）、加州的试验场（Gomentum Station）。①2015 年 7 月 20 日，美国密歇根州立大学在位于密歇根州安娜堡市的该大学校区内修建的自动驾驶汽车测试场 M-City 投入使用。M-City 总建设费用为 650 万美元，其中约一半（300 万美元）由密歇根州交通局赞助，这是世界上第一个被用于专门测试联网汽车和自动驾驶汽车技术潜力的试验场。②为了推动无人驾驶技术的发展，密歇根州继 M-City 后，开始打造一座更大的无人驾驶测试场——ACM（The American Center for Mobility）。ACM 总造价大约 8000 万美元，占地 1.5 平方公里，密歇根州交通局、密歇根大学、密歇根经济开发公司联合投资 2000 万美元，密歇根州希望联邦政府基金或其他私人投资者能够投资剩下的 6000 万美元，ACM 约 4 公里长的高速环道于 2017 年 12 月投入使用。福特公司已经使用此基地测试无人车。③位于旧金山湾区的 GoMentum Station，隶属于康特拉考斯特交通管理局，占地将近 20 平方公里（只有大约 9 平方公里可以用于测试），基础设施包括 32 公里长的铺装路面，完全真实的山丘、高架立交桥、隧道、火车道、住宅区等等。主要合作伙伴有本田和被优步（Uber）收购的无人驾驶卡车奥托（OTTO），无人驾驶小型公交车易迈（EasyMile），还有美国智能交通系统研究院、加州智能交通研究院、新加坡交通部、新西兰智能交通研究院、加拿大无人驾驶车研究中心，以及中国的同济大学。GoMentum Station 完全是真实的环境，尤其是地形要素齐全，对车载地图厂家来说尤为重要，是验证无人驾驶 3D 地图的好地方。

另外，美国已开始在密歇根州的道路上测试车与车通信技术（Vehicle-to-vehicle，V2V），2013 年参与测试的是 2000 多辆车，2014 年就有 9000 辆车作为背景车和测试车。最终，美国人发现利用车联网技术，能够减少 80%的事故。通过示范，美国国家公路交通安全管理局表示，V2V 和汽车自动制动可以避免高达 80%的意外事故，并且，每年能挽救 25000 或更多人的生命，并于 2016 年发布了一项规则，要求在所有汽车上应用标准的 V2V 技术。

4. 积极开展项目研究资助

在培育智能电动汽车产业发展中，美国政府的一个重要措施就是开展项目资助。在 20 世纪 90 年代，美国实际上是最早提出“智能交通项目”的国家，当时国家主要投资的是阿波罗计划。随后，美国在该计划方向上出现了一些错误，过早地着手研究自动化、完全自动化、无人驾驶，偏离了当时市场上客户的需求，花了 10 年的时间到 21 世纪才偏向驾驶的智能辅助研究，如今，在车联网等技术上已开始投入大量人力、物力进行研究。

2011 年至 2013 年，美国政府在汽车领域优先资助了 53 项研究，其中，关于先进辅助驾驶的就有 13 项，包括车-路联网、驾驶人分神、视觉辅助、碰撞回避及防护、稳定性控制、车道保持、行人监测等。

2015 年 1 月，美国交通运输部通过互联汽车项目（Connected

Vehicle)，该项目主要分为三个发展阶段，分别为：第一阶段，概念车发展阶段；第二阶段，设计制造测试阶段；第三阶段，维护和运营阶段。美国交通运输部表示互联汽车项目合约的唯一考量标准就是第一阶段的表现。只有顺利通过第一阶段并获得一定荣誉的合约竞争者才有资格继续竞争第二、第三阶段的发展合约。互联汽车研究项目涉及的方面非常复杂，其中包括车辆安全性、车辆间相互连接的通信渠道、通信基础设施以及乘客个人的通信设备等。互联汽车项目是在美国交通运输部等部门赞助下开展的，其主要发展目标就是通过将无线技术应用到道路交通中，从而使道路交通变得更加安全、更加智能、更加环保。

5. 以 ITS 战略计划为实施关键

2010 年，美国交通运输部提出“智能交通系统战略计划”（2010—2014）（ITS Strategic Research Plan，2010—2014），这是美国第一次从国家战略层面，提出大力发展网联技术及汽车应用，该研究计划从联网汽车应用、联网汽车技术、联网汽车政策与制度、基于特定模型的 ITS 研究、ITS 探索性研究、ITS 交叉行业支持等角度，制定了相应的研究计划。美国从以 ITS 信息化研究应用为主，逐步演变为以车辆为核心，通过信息与车辆深入连接，来解决交通系统各类问题。由此，美国 ITS 正式进入新的阶段。

2014 年，美国交通运输部与美国智能交通系统联合项目办公室共同提出“智能交通系统计划”（2015—2019），这是 ITS 战略计划（2010—2014）的升级版，为美国未来 5 年在智能交通领域的发展明确了方向，汽车的智能化、网联化成为该战略计划的核心，成为美国解决交通系统问题的关键技术手段。美国 ITS 战略计划的愿景是“改变社会的移动方式”，使命是“通过研究、开发和教育活动促进技术和信息的交流，创建更安全、更智能的交通系统”，旨在发现通往建设智能交通系统的路径，同时，形成一个新的工业形式和经济增长点。在此基础上，美国提出了未来交通系统的发展思路：通过研究、开发、教育等手段促进信息和通信技术实用化，确保社会向智能化方向发展，即部署智能交通设备，开发智能交通技术；并提出了使车辆和道路更安全、加强机动性、降低环境影响、促进改革创新、支持交通系统信息共享等五项发展战略目标。

第一，使车辆和道路更安全：开发更好的防撞保护措施、碰撞预警机制、商用汽车安全机制、基于基础设施和协同式安全系统；

第二，加强机动性：改进交通管理、事故管理、运输管理、货源组织管理、道路气候管理等管理系统；

第三，降低环境影响：更好地控制交通流、车辆速度和交通堵塞以及通过其他先进的技术手段管理车辆行为；

第四，促进改革创新：通过ITS项目，培养先进技术和持续促进创新、调整、收集并部署技术开发路线以满足未来交通发展的需求；

第五，支持交通系统信息共享：应用先进的无线技术使所有车辆、基础设施、可移动设备能够互联通信，实时传输信息合并应用。

在上述目标要求下，该战略计划聚焦于两大发展主题：实现网联汽车，将近年来的设计、测试和计划应用于网联汽车，进入实质性进展阶段，并在全国范围内普及；推进自动化驾驶，采用自动化相关技术研究推进车辆的自动驾驶与无人驾驶。这两大发展主题也着重反映了近年来大多数交通研究机构的研究和创新的方向。

第二节　欧洲

1. 制定整体发展愿景目标

欧盟在推动智能汽车产业发展过程中，整体采取制定愿景目标的方法来进行顶层设计，引导整个产业发展进程和技术方向。

具体来讲，欧盟委员会在 2006 年推出了一项智能汽车行动计划，该计划把智能汽车的主要功能定义为防止交通事故和减少交通拥堵。2010 年，欧盟委员会制定《ITS 发展行动计划》。2011 年，欧盟委员会发布《欧盟一体化交通白皮书》，提出 2050 年比 1990 年减少温室气体排放 60%，2020 年交通事故数量减少一半，2050 年实现交通事故“零死亡”，从建设高效集成化交通系统、推动未来交通技术创新、推动新型智能化交通设施三个方面推进具体工作。主要技术方向为：重点发展车辆智能安全、信息化以及交通安全管理；重点研究信息安全与可靠性，大规模进行示范应用与验证。

2. 通过项目资助推动技术发展和目标实现

为实现愿景目标，欧盟通过开展不同的项目来支持智能汽车的发展，通过国际道路与车辆自动化网络支持行动（Support Action for International Vehicle and Road Automation Network，VRA）来推进投资和计划实施。

（1）智能车辆主动干预意外避免项目（InteractIVe）。2009 年底，以福特公司为首的 29 家合作伙伴联合发起了一项名为 interactIVe 的欧洲研究项目，该项目计划开展 35 个月（2009 年 12 月—2012 年 11 月），以零交通事故为主要目标，研发重点包括扩展 ADAS 系统的感知能力和应用范围、增强驾驶员对安全以及人车交互的认知能力、推进 ADAS 标准化评价方法的应用。在项目期间，各合作方将测试所采用的主动干预式安全系统的性能，包括紧急情况下的自主刹车和方向控制，其目的是为了避免在意外事故中发生碰撞，至少要减轻碰撞的严重程度。除此之外，该项目也积极支持环保驾驶方面的新技术，同时通过减少燃油消耗、优化驾驶行为和交通管理达到油耗降低 20%的目标。以福特汽车为首的这一合作组织包括 7 家汽车制造商、6 家供应商、14 家研究所和另外 3 家利益相关方，如宝马科技、菲亚特研究中心、戴姆勒公司、沃尔沃乘用汽车、沃尔沃科技、大众汽车等。该项目总预算达 3000 万欧元，其中超过一半将由欧盟委员会承担。

（2）生态型智能交通项目（EcoMove）。EcoMove 项目是欧盟第七框架下的科研示范项目，通过研究基于车车通信、车路通信的协同交通系统，优化驾驶员的驾驶行为，降低汽车的油耗，引导驾驶员选择最环保的行驶路径；通过车队管理系统，为驾驶员提供一个自主学习的驾驶教练系统，指导和鼓励驾驶员选择能耗更低的规划路径；通过交通管理系统优化交通信号灯的科学配时，提高整个路网车辆的运行效率，减少能耗。这个项目的目标是通过实施 EcoMove 生态型智能交通系统，提高交通系统的运行效率，减少 20%的油耗和 CO_2 排放。EcoMove 包含 6 个子项目：项目协调和宣传、核心技术集成、生态智能驾驶、生态货运和物流、生态交通管理和控制、验证和评价。

（3）EasyWay 项目。EasyWay 项目主要是由 2001—2006 年所进行的泛欧智能交通系统（Trans-EuropeanIntelligentTransport Systems Projects，简称 TEMPO）项目延伸而来，该计划是建立连接跨国道路网络的基础设施；EasyWay 则是接续其后在 2007—2013 年实施的新项目，其更注重应用服务的发展。

EasyWay 项目的目标是到 2020 年实现在欧洲目标路网内交通拥挤降低 25%；在挽救生命、增强道路安全性方面，EasyWay 在国家及欧洲层面具有同一个目标，即通过数据采集和处理、信息发布使道路伤亡事件显著降低，其目标为到 2020 年实现在欧洲目标路网内致命的和严重的伤亡事件降低 25%；在减少 CO_2 排放、保护环境方面，将大规模优化道路设施及其使用，其目标为到 2020 年实现在欧洲目标路网内 CO_2 排放降低 25%。

为了能够加速 ITS 在欧洲的普及，欧盟在欧洲范围内进行了道路交通信息服务的统一设计，让 ITS 能够在欧洲各国间互通有无，实现更高的效益。EasyWay 是欧洲各国在交通信息服务、交通管理和货物运输物流方面采用兼容统一的 ITS 技术和服务，它是欧洲范围内道路网最大的 ITS 合作项目，使欧洲将近 30 个国家的 150 个运营商以及相关的合作商多年来共同致力于该平台的建设，目前，该项目已通过各成员国的认证，正在欧洲范围内实施。在发展方向上，欧洲 ITS 协会提出将道路、车辆、卫星和信息通信系统进行集成，将欧洲各国独立的系统逐步转变为车与车、车与路、车与人的合作系统，实现人和物的移动信息交互。该项目今后几年计划实现的服务主要包括：路侧紧急呼叫、车内和路侧速度提示、通过浮动车和蜂窝电话监测交通状态、危险货物车辆和被盗车辆跟踪等。另外，欧盟十分注重服务，期望在欧盟的框架下，能够建立一致性的道路交通信息系统。

（4）欧洲合作性车辆基础设施一体化系统项目（CVIS）。该项目从 2006 年 2 月开始，其目标是开发出集硬件和软件于一体的综合信息平台，这个平台运用到车辆和路边装置能提高交通管理效率，其中，车辆不仅仅局限于私人小汽车，还包括公共交通和商业运输车辆。通过创建一个车辆信息平台，实现车辆可以直接与路况“对话”。这个项目计划先在德国经过测试，然后在道路基础设施中广泛应用。该项目有 60 多个合作者，由欧洲智能交通协会（ERTICO）统筹，地图数据提供商 Navteq 作为该项目的一个主导商，与德国航空航天中心一同开发这种创新的定位平台，用来解决交通通信问题，而这项新技术将结合几种不同的定位技术，包括欧洲伽利略卫星导航系统和 GPS，以及无线局域网、车辆传感器、基础设施等技术。

2010 年，智能车和车路合作系统进入测试，即“i2010 智能车辆计划（i2010intelligent car initiative）”。该测试在欧洲道路上对 1000 辆以上安装了各种智能化车载设备的各品牌汽车进行试验，测试 8 种不同的高新技术，通过大量的数据采集来检验这些技术的安全、效能和舒适程度，进而研究智能车辆对安全、能源与效率以及社会的影响。智能车辆计划通过采用一个综合的欧洲方案，确保各欧盟国家技术的兼容统一和互操作性，支持基于 ICT（智能车技术）的研究、开发及实际应用，支持对更智慧、环保和安全车辆的研究和开发，并促进其市场化。通过广泛宣传，使驾驶员和政策制定者意识到智能车辆的好处，帮助驾驶员预防交通事件的发生，并提供路网实时交通信息给驾驶员，优化引擎性能，提高能源利用效率。

（5）合作性智能交通系统（C-ITS）项目。该项目开始于 2013 年 6 月，其目标是建立基于局域自组织网络的车路协同式安全系统。在该项目中，荷兰、德国和奥地利成立了阿姆斯特丹联合体，在一条连接三国的高速公路上实施合作式智能交通系统，即 C-ITS。该项目的主要内容是应用车路合作技术提供以下服务：交通安全信息服务、绿色驾驶服务、道路施工区提示服务、出行信息服务。

（6）地平线 2020 计划。2013 年，欧盟地平线 2020 计划（Horizon2020）正式启动，该计划是欧盟实现创新政策的资金工具，计划周期 7 年（2014—2020 年），预算总额约 800 亿欧元。该计划设立了 3 个战略目标——卓越的科学、工业的领袖以及社会的挑战，并将按照这 3 条线路分配经费。“卓越的科学”部分主要包括创建欧洲研究理事会，以及为新兴技术和“居里夫人行动”提供资金；第二个战略目标“工业的领袖”将包括欧盟的主要投资领域，例如信息通信技术、纳米技术、生物技术和空间技术；“社会的挑战”将在影响欧洲人生活的诸多领域展开研究，其中包括医疗健康、食物安全、清洁能源、绿色运输、气候变化等。在该计划中，有关智能汽车的研究主要强调在 2020 年前，根据技术情况决定自动驾驶市场应用，主要技术研究重点包括：加速推进合作式 ITS 系统构建；加速推进汽车自动化、网联化研究、标准化及产业应用；加速推进通信网络标准化及安全研究，实现欧洲交通一体化；加速推进商业运输车辆网联化及应用。

3. 注重技术路线图的制定

2009 年 6 月，欧盟委员会递交了《欧盟物联网行动计划通告》，以确保欧洲在构建物联网的过程中起主导作用。通告提出了 14 项物联网行动计划，发布了《欧盟物联网战略研究路线图》，提出欧盟到 2010、2015、2020 年三个阶段物联网的研发路线图，并提出物联网在航空航天、汽车、医药、能源等 18 个主要应用领域，以及识别、数据处理、物联网架构等 12 个方面需要突破的关键技术领域。

2012 年，欧盟委员会发布《欧盟未来交通研究与创新计划》，明确提出未来主要技术研究方向是加强车-车、路-路、车-路通信及安全应用；推动人-车-路的一体化道路安全系统、道路紧急救援开发，通过政策法规引导，加快推动产业化；加速推进交通信息化的研究与应用。

2016 年，欧洲网络与信息安全局成立“智能汽车和道路安全工作专家组”，旨在关注智能汽车和智能道路系统的安全性。

2016 年 11 月，英国财政部宣布将会对电动汽车和自动驾驶汽车投资 3.9 亿英镑研发资金，其中 1 亿英镑用于建设自动驾驶汽车的测试基地。2017 年 3 月，英国表示会在 2017—2018 年在自动驾驶汽车和 AI 技术领域投资 2.7 亿英镑。

2016 年，欧盟组建协同智能交通系统的高精度定位（HIGHTS）研发团队进行科研攻关。研发团队由欧盟 5 个成员国德国（总协调)、法国、荷兰、瑞典和卢森堡的智能交通系统的科技人员组成，欧盟“2020 地平线”科研计划为此提供了 600 万欧元全额资助，项目期限 3 年时间（2015—2018 年）。目前，研发团队已基于现有的卫星导航定位与车载传感技术的结合，交通基础设施与无线通信技术的结合，如 WiFi、蓝牙（Bluetooth）、联网日常设备的无线技术（Zigbee）和高速无线通信技术（LTE），制定出了清晰的联网驾驶技术开发路线图。技术融合将产生先进的车辆高精度定位技术，即联网驾驶技术，广泛应用于城市道路、高速公路和多交通运输模式的智能交通系统。根据欧委会的要求，研究团队还将着手制定欧盟相关标准。

2017 年 2 月，英国政府出台《汽车技术与航空法案》，意在将英国打造成为环保汽车、车联网和自动驾驶技术的全球智能汽车研发地，该法案目前已进入下议院审议阶段。该法案出台了一系列新措施，来提升英国汽车制造业和交通系统。这些措施包括在高速公路服务站和加油站安置电动汽车充电设施、设置全网充电桩，并不断更新适用于自动驾驶汽车的相关保险制度。

第三节　日本

1. 内阁牵头，多部委联合推进

20 世纪 90 年代，日本就开始了智能汽车和智能交通系统的研究，主要是以内阁牵头，多部委联合推进计划。日本目前主要按照两条路线发展智能交通系统：发展智能汽车和智能道路系统建设。

2013 年 6 月 14 日，日本内阁宣布要建设全世界最先进的 IT 国家，发布了《世界领先 IT 国家创造宣言》，该国道路交通委员会、信息通信战略委员会共同提出了自动驾驶汽车商用化时间表以及

ITS 2014—2030 技术发展路线图，日本由此正式进入汽车智能化、网联化发展阶段。该时间表具体如下：2020 年前实现半自动驾驶系统，2020 年后，实现完全自动驾驶市场化。其中包括推动先进驾驶辅助系统和自动驾驶系统的开发和商业化应用，重点从驾驶安全支持系统、自动驾驶系统以及交通数据应用等三个方面加快推进，期望 2020 年实现世界上最安全的道路交通社会。此外，日本政府还组建了车辆自动驾驶系统委员会来实施计划。

2. 以智能道路（Smartway）为依托，大力推动智能交通基础设施建设

日本是最早研发 ITS 的国家之一，日本 ITS 的发展大致经历了三个发展阶段。

第一阶段，1996—2004 年，为 ITS 推进实用化阶段。1996 年相关 5 省厅提出了关于推进 ITS 的整体构想，集成车载导航系统（VICS）是将道路拥挤、交通限制等的道路交通信息即时地向车载导航器发送的系统，从东京地区开始服务，2003 年覆盖全国。VICS 系统是目前世界上规模较大、实际使用价值较高的道路交通信息系统之一，是日本具有半官方性质的交通信息处理、发布中心。城市道路和高速公路的道路交通堵塞、驾驶车辆行经道路旅行时间、交通事故、道路施工、车速及路线限制、停车诱导等交通实时信息通过道路上设置的检测装置分别由警察部门和高速公路管理部门来提供。第二阶段，2004—2010 年，为日本 ITS 普及并为社会作贡献的阶段。为将事故防患于未然，日本开始研究智能公路系统，即通过车辆及道路的各种传感器实时监测车辆行驶道路周围环境及车辆状况的状态信息，并将这些信息实时提供给驾驶员，在必要的情况下还可对车辆实施强制控制。该阶段以 Smartway 项目综合应用为标志，其发展目标为：提高安全性；畅通化，减轻环境负荷；提高便利性；促进经济地区活力。第三阶段，2010—2015 年，主要是推进大范围的智能交通信息的综合传递。

Smartway 在 2004 年提出，其提出标志着日本 ITS 进入第二阶段。2004 年，日本不停车电子收费系统（ETC）用户达到 400 多万（平均利用率超过 20%），日本国土交通省考虑以 ETC 系统为基础，结合 VICS 和已基本开发成型的安全驾驶系统（ASV），形成新的智能道路系统——Smartway。2005 年初，由政府、企业共同参加的联合体作为该项目的开发联盟，通过研究提供一个开放共用的基础平台，强调基础设施的共用和车载装置的一元化；提供与安全有关的信息、前方道路状况、大范围拥堵信息、收费服务信息（包括高速公路、停车场等），即由一个集成的车载单元提供多种服务，包括导航、安全辅助驾驶、ETC、停车库收费管理、VICS 功能、与因特网的互联等，路边设施称为 ITS 服务点，ITS 服务点与车载单元之间利用专用短程通信技术（DSRC）接口进行高速通信。2009—2010 年，日本全国高速公路设置了 1600 个 ITS 服务点。

具体来讲，Smartway 系统的 6 项信息服务主要包括：

①辅助安全驾驶信息服务：通过路侧设置的一系列传感器检测前方道路转弯处或视线死角区域是否发生交通阻塞或存在路面障碍物等，并通过车路通信系统向驾驶者提供实时道路信息。

②静止图像信息服务：通过闭路电视摄像机采集的前方道路交通状况信息，以静止图像的形式提供给驾驶者，如在隧道入口处可以清楚地了解到出口处的车流情况等。

③浮动车信息采集服务：基于浮动车技术实现实时交通信息的获取，并通过车路通信系统，连同天气、路面情况以及高危地段等信息，迅速提供给临近的车辆。

④道路合并处辅助信息服务：通过 DSRC 天线检测行驶于主干道上的车辆，当车辆接近道路合并处时，将通过车路通信系统向有关驾驶者发出警示信息。

⑤停车场电子付费服务：通过车路通信系统实现停车场电子付费服务。

⑥宽带互联网上网服务：通过车路通信系统实现宽带互联网连接服务。

3. 注重法律法规的调整和完善

日本在推动智能汽车产业发展过程中，面临着原有法规与产业发展的冲突。在此背景下，日本政府注重对原有法律法规的调整和完善，以便能够更好地推动智能汽车产业的发展。

具体来讲，日本原有《道路运送车辆法》的安全标准不允许无人驾驶（驾车时驾驶员的手离开方向盘等）；另外，日本国土交通省发布的《先进安全汽车指南》也没有考虑完全自动驾驶。随着智能汽车的发展，日本开始修订相关法规，2015 年，日本政府宣布将放宽无人驾驶汽车与无人机的相关法律法规，在 2017 年允许纯自动驾驶汽车进行路试。

4. 以自动驾驶系统研发计划引导产业发展

2015 年，日本内阁府发表了关于自动驾驶的战略研究计划，该计划由内阁府牵头，组织警察厅、总务省、经产省、交通省等联合实施，详细规划了汽车、交通等各领域的研究任务，第一期预算 24.5 亿日元。

在该研究计划中，对自动驾驶分 4 个等级进行了定义：Level 1 加速，方向盘、刹车的其中一项由系统自动控制；Level 2 加速，方向盘、刹车的复数项操作由系统自动控制；Level 3 加速，方向盘、刹车的全项操作由系统自动控制，当系统发出邀请信号时由驾驶员驾驶；Level 4 加速，方向盘、刹车的全项操作由系统自动控制，驾驶员完全不参与驾驶。同时，该计划对 Level 1—Level 4 的实现时间进行了规划：2014—2016 年短期智能网联阶段，研发 V2X 协同系统&终端；2017—2020 年中期前两年，部署 Level 2，控制交通事故死亡人数≤2500 人/年，后两年，达成世界最安全的道路；2021—2030 年远期自动驾驶系统 Level3、Level4 系统。为此，日本在整个法规体系中做了调整，包括对接 WP29 UN 的法规协调、对接 ITS 的系统标准体系等。

日本内阁府的研究计划中对具体的研究项目和研究内容进行了规划，主要包括 4 个方面内容。第一，自动驾驶系统的开发：①地图信息的高度开发；②依据 ITS 预测信息的生成技术与实证实验；③传感器能力的技术改善与实证实验；④驾驶员与自动驾驶系统的人机交互技术（HMI）的开发；⑤系统安全强化技术的开发。第二，为减轻交通事故与交通堵塞的基础设施的开发：①交通事故估计手法的开发和国家数据共享的构筑；②微观、宏观数据的解析和模拟技术的开发；③地域交通二氧化碳排放量的可视化。第三，国际合作的推进：①完善国际研究开发环境和加快国际标准化的推进；②提高自动驾驶系统的社会接受度；③自动驾驶技术输出体制的构筑。第四，下一代都市交通系统研究的展开：①地域交通系统管理的高度化；②下一代交通系统的开发；③交通制约者（残疾人、老年人等）应用的改善和普及。

第九章　我国发展智能电动汽车产业的建议

第一节　发展智能电动汽车的路径

1. 大力发展共享经济，推动智能电动汽车商业化运营

如前所述，智能电动汽车的发展将会催生共享经济类新业态和新模式。“互联网+”、车联网技术、通信技术、电动汽车及充电设施市场发展，为共享出行发展提供了技术及设施支撑，共享出行理念逐渐渗透，加之我国环境污染、交通拥堵逐渐加剧，政府更加支持绿色、低碳出行。

例如，上海以 EVCARD 项目为先导，以上海国际汽车城为龙头，已在分时租赁等商业模式创新上积累了较为丰富的经验和数据，对消费者出行习惯有一定的了解和掌握。2016 年，上汽与阿里巴巴合作推出的“斑马”汽车将视角转向汽车共享，联合国内共享租车品牌“凹凸租车”，在探求汽车金融、车主收益上开展创新。

由于共享经济的发展需要相关政策法规的完善，以此为其创造良好的发展生态，并对其进行约束和监督，因此，政府需要提早探讨智能电动汽车共享出行的政策体系，探索建立适应性规章制度，进一步提高扶持政策的杠杆效应。

2. 坚持智能电动汽车产业链的高端化，网络控制平台本地化

我国目前在智能电动汽车产业链方面具有较为丰富的产业基础，在电机产业、定位导航等领域实力较强，因此，在发展智能电动汽车产业过程中，必须坚持产业链的高端化，掌握关键零部件及整车集成等关键核心技术。另外，随着工业 4.0 时代的到来，信息技术和互联网络在其中发挥着核心作用；智能制造是基于新一代信息技术的先进制造过程，工业软件平台和各服务平台、合作平台是智能制造的核心和基础。因此，在发展智能电动汽车过程中，须坚持产业链的高端化，坚持网络平台、软件平台在沪战略，为不同类型的汽车智能制造企业主体提供全方位和全过程的创新服务，从而在智能制造和工业 4.0 的发展中抢占先机。

3. 紧抓智能停车场经营等汽车后市场服务环节，获取先发优势

智能汽车的发展将带动汽车后市场服务的快速发展，目前，互联网已完成对汽车后市场的初步重构，智能汽车带动下的物联网将会进一步推动汽车后市场服务的发展，我国应紧紧抓住车联网的产业基础优势，充分利用智能电动网联汽车实时产生的用户信息和车辆数据，推动维修保养、汽车保险、共享经济、智能停车场经营、二手车市场等领域的全面发展。

在维修保养方面，维修企业能够实现在线远程诊断，为用户提供定期提醒和紧急服务，面向所有车主的品牌连锁模式可能成为主要发展方向。

在汽车保险方面，根据车辆状态、驾驶行为、违规记录、车主档案等智能网联汽车采集的数据，企业可以建立鼓励安全、绿色驾驶的保险定价体系，提供差异化费率和个性化保险产品。

在汽车租赁方面，目前的短途短时租赁将逐渐转型为汽车共享

模式，智能认证、电子支付、智能导航等技术的发展将不断提升驾乘体验。

在停车方面，智能网联汽车将利用车联网技术准确定位空余车位，节省驾驶员时间，缓解交通拥堵，并可在线支付，提高停车场出入效率；利用局部自动驾驶和泊车技术实现停车场无人化，最大化提升空间利用率，减少运营维护成本。同时，智能网联汽车将充分利用停车时间，自主进行充电、加油、洗车等增值服务，创造多样的附加价值。

在二手车销售及回收方面，企业基于车辆零部件工作状态以及维修保养、违规出险、驾驶行为等数据记录，提供科学公正的二手车认证结果，能够建立完善的评估方法和信用体系，并向汽车厂商、经销商等相关企业提供大数据服务。

4. 以定位导航为突破，推动零部件厂商向一级供应商升级

在传统汽车领域，我国大部分汽车零部件厂商处于二三级供应商层级，多提供较低技术含量的散装零部件。智能电动汽车包含大量子功能模块且不断更新，即使博世等国际零部件企业巨头的产品线也难以完全涵盖所有产品类型。另外，从前述分析可以发现，在智能电动汽车产业链环节，我国在定位导航领域发展迅速，在国内甚至国际上都有一席之地，物联网等技术开发和软件平台发展迅速。在此背景下，需要主动把握这一重要发展契机，在传统零部件供应商洗牌之际，加快提升自主创新能力，通过吸收外部人员、加深科研院所合作等方式掌握零部件基础开发能力，紧跟国际先进技术趋势；同时应围绕核心产品形成系统性解决方案，突出自身独有、难以模仿的竞争优势，从而提高产品的不可替代性，摆脱以往低端循环的不利局面。

5. 以智能制造培育汽车产业集群，提升汽车产业的国际影响力

在新一轮科技革命的浪潮下，全球制造业向大规模定制化生产即智能制造的方向全面升级的态势日趋明显，为此，世界各国纷纷制定转型战略。智能制造日益成为未来制造业发展的重大趋势和核心内容，是加快发展方式转变，促进工业向中高端迈进、建设制造强国的重要举措，也是新常态下打造新的国际竞争优势的必然选择。

智能电动汽车是实施《中国制造 2025》和“两化（信息化和工业化）融合”战略的重要支撑。因此，要加快推动汽车产业和能源技术、材料技术、制造技术、电子技术高度融合，使各学科交叉，互为支撑；加快汽车产业与互联网企业合作，进入“互联网+”时代；通过构建多元智能制造跨界合作体系，积极融入全球化产业发展网络；推动完善智能制造跨界资源配置、联合开发、技术转移、成果转化机制，加快融入全球创新体系；推动建立智能制造产业双向合作机制，形成智能制造研究创新全球网络；促进智能制造技术国际交流合作，构建智能制造智力聚集交流平台；加强智能制造研究和人才培养。

第二节　相关政策建议

根据前文研究，本部分将结合现实基础，提出我国发展智能电动汽车产业的政策建议，以期能够推动我国抢占智能电动汽车产业的市场制高点。

1. 注重顶层设计，加快完善政策法规

根据国外智能电动汽车产业的发展经验可以看出，智能电动汽车产业的发展具有明显的政府主导和推动性质。美国、欧洲、日本

等在发展智能电动汽车产业过程中，均由政府牵头主导推动。因此，政府在推动智能电动汽车产业发展初期，必须承担起重要的作用和角色，要从整体上制定本地智能电动汽车产业的发展愿景，以智慧城市、智慧交通建设为大背景，对智能电动汽车产业发展重点、进程进行系统化的顶层设计，而不应该将智能电动汽车产业割裂开来单独看待；根据智能电动汽车产业的发展需求，须对原有的政策措施进行调整和完善，包括对无人驾驶的合法性问题、智能汽车的监管、智能电动汽车与交通体系的协调、智能电动汽车的共享等方面进行政策规定和约束。

另外，智能电动汽车产业必须以标准为先行，市场上的车载系统、通信模式由于标准不统一，阻碍了产品的应用和推广。政府必须联合企业、协会等组织开展智能电动汽车行业标准化的探讨和制定，包括 ADAS 标准化评价方法、安全驾驶评估标准等不同方面，按照“统筹规划、适度超前”的原则，建立相关技术标准，通过标准制定，对企业的行为进行引导和约束，并通过标准的制定推动企业更好地参与国际竞争。

2. 以智能交通为依托，推动基础设施配套的完善

智能电动汽车的产品特性决定了其产业发展需要配套的智能交通基础设施。一方面，智能汽车在使用过程中需要靠传感器感知路面障碍，通过 DSRC 技术与外界进行通信，需要在交叉路口、路侧、弯道等布置引导电缆、磁气标志列、雷达反射性标识、传感器、通信设施等；另一方面，智能电动汽车在使用过程中需要充电设施的配套和支撑。日本等国在发展智能汽车过程中，一个重要的方向就是智能交通基础设施配套的建立。以 ITS 为大背景，将智能汽车的发展与智能交通基础设施建设相融合，通过推动智能基础设施的建设为智能汽车发展提供硬件支撑。然而，目前我国道路基础设施建设并未实现与智能汽车的协同发展，车路交互技术的车路合作系

统和技术亟待突破，因此，在现阶段，需要以 ADAS 为基础，以 ITS 为大背景，加强集成车载导航系统与道路基础设施建设，通过智能化建设将道路拥挤、交通限制等的道路交通信息即时地向车载导航器发送，推动车路协同发展，从而为智能电动汽车提供相对规范、安全和友好的运行环境。

3. 以产业链关键环节为突破，加大技术研发资助

美国、欧洲、日本在推动智能电动汽车发展过程中，都以政府为主导，联合企业和科研院所开展相关技术研发项目，重点包括车联网、ADAS 技术、传感技术等。这些项目资助，一方面，为产业技术发展提供了探索性方向指引；另一方面，推动了企业的技术研发投入，有利于提高企业技术创新能力。

目前，我国在定位导航、车联网方面具有较强的产业技术优势，而传感器、芯片等相对来说处于劣势，技术积累不足。在此背景下，相关部门一方面应通过项目研究的方式对企业研发进行资助和激励，通过设立科研基金推动企业、科研机构、高校对智能电动汽车领域的重点专项进行联合攻关，着力突破核心技术和关键配套部件；另一方面应建立企业、科研院所之间的联系和沟通渠道，建立和完善重点实验室、研究中心等国家级研发基地，推动高校研发专利的转化。

4. 支持汽车后市场服务，提前做好政策布局

我国需要在智能电动汽车后市场服务环节提前布局。然而，汽车后市场服务环节面临诸多创新模式。一些创新模式，比如共享出行与现有的一些政策措施不相融合，这会导致汽车后市场服务在发展过程中，一方面因缺乏政策的激励而失去创新动力；另一方面有可能因缺乏政策的监督约束而失去创新秩序。基于此，政府需要在产业政策的框架指导下，在明确电动汽车共享出行交通性质和相关

主体政策诉求的基础上，制定发展智能电动汽车后市场服务的政策体系，探索建立适应性规章制度，进一步提高扶持政策的杠杆效应。

5. 加大车联网等关键环节的研发投入，提高产业自主创新能力

车联网、传感装置等是国外许多国家在发展智能电动汽车产业过程中的关键领域，特别是车联网技术是美国等国在近年来推动智能电动汽车产业发展的核心领域。我国在车联网等技术方面具有较好的产业优势和基础，同时，国内互联网厂商也为车联网技术的发展提供了可能的技术支撑和平台支撑。在此背景下，政府需要进一步完善以政府投入为引导、企业投入为主体、社会投入为重要来源的多元化投融资体系，加大对关键技术领域的研发投入力度；提高关键技术领域的融资能力，增强自主原创能力和关键性汽车技术和基础技术研发能力；加大对相关研发专利的知识产权保护和知识产权转换激励；通过协会等各种渠道增强企业之间的研发、合作、交流，鼓励企业间、产学研之间加强合作，搭建合作平台。

参考文献

[1] Abernathy W., Utterback J. Patterns of industrial innovation [J]. Technology Review, 1978 (50): 41-47.

[2] Afuah A. Does a focal firm's technology entry timing depend on the impact of the technology on co-opetitors? [J]. Research Policy, 2004, 33(8): 1231-1246.

[3] Afuah A., Tucci C. Internet business models and strategies: text and cases [M]. New York: McGraw-Hill, 2001

[4] Alt R., Zimmerman H. D. Introduction to special section on business models [J]. Electronic Markets, 2001, 11(1): 3-9.

[5] Amit R., Zott C. Value creation in e-business [J]. Strategic Management Journal, 2001 (22): 493-520.

[6] Applegate L. M. E. Business models: making sense of the internet business landscape [A]. in: Diekson G, Gary W, Desanetis G. (eds). Information technology and the future enterprise: New models for managers [C], Englewood Cliffs, NJ: Prentice-Hall, 2001: 49-101.

[7] Arthur W. B. Competing technologies, increasing returns, and lock in by historical events [J]. The Economic Journal, 1989, 99(394): 116-131.

[8] Baumgarther W., Gross A. The global market for electric vehicles [J]. Business Economics, 2000, 35(4): 51-56.

[9] Bohnsack R., Pinkse J., Kolk A. Business models for sustainable technologies: Exploring business model evolution in the case of electric

vehicles [J]. Research Policy, 2014, 43(2): 284-300.

[10] Boons F., Lüdeke-Freund F. Business models for sustainable innovation: state-of-the-art and steps towards a research agenda [J]. Journal of Cleaner Production, 2013, 45(2): 9-19.

[11] BP. Statistical review of world energy [R], London: United Kingdom, 2016.

[12] Buca P. V., Brausen J. The electric vehicle market [J]. Competitiveness Review, 1997, 7(1): 36-45.

[13] Çagman N., Enginoglu S. Soft set theory and uni-int decision making [J]. European Journal of Operational Research, 2010, 207(2): 848-855.

[14] Casadesus-Masanell R., Ricart J. E. From strategy to business models and onto tactics [J]. Long Range Planning, 2010, 43(2):195-215.

[15] Chang S. C., Tsai P. H., Chang S. C. A hybrid fuzzy model for selecting and evaluating the e-book business model: A case study on Taiwan e-book firms [J]. Applied Soft Computing, 2015(34): 194-204.

[16] Chesbrough H., Rosenbloom R. S. The role of the business model in capturing value from innovation: Evidence from Xerox corporation's technology spin-off companies [J]. Industrial and Corporate Change, 2002, 11(3): 529-555.

[17] Christensen T. B., Wells P., Cipcigan L. Can innovative business models overcome resistance to electric vehicles? Better place and battery electric cars in Denmark [J]. Energy Policy, 2012(48): 498-505.

[18] Cooper L. G. Strategic marketing planning for radically new products [J]. Journal of Marketing, 2000, 64(1): 1-16.

[19] Demil B., Lecocq X. Business model evolution: in search of dynamic consistency [J]. Long Range Planning, 2010(43): 227-246.

[20] Dubosson-Torbay M., Osterwalder A., Pigneur Y. eBusinessmodel eBusinessmodel design, classification and measurements [J]. Thunderbird International Business Review. 2002, 44(1): 5-23.

[21] Ernst H. Patent applications and subsequent changes of performance: evidence from time-series cross-section analyses on the firm level [J]. Research Policy, 2001, 30(1): 143-157.

[22] Freeman C. Technology policy and economic performance: Lessons from Japan [M]. London: Francis Pinter, 1987.

[23] Gärling A., Thøgerson J. Marketing of electric vehicles [J]. Business Strategy and Environment, 2010, 10(1): 53-65.

[24] Gereffi G. International trade and industrial upgrading in the apparel commodity chain [J]. Journal of International Economics, 1999, 48(1): 37-70.

[25] Ghaziani A., Ventresca M. J. Keywords and cultural change: Frame analysis of business model public talk, 1975–2000 [J]. Sociological Forum, 2005, 20(4): 523-559.

[26] Gnatzy T., Moser R. Scenario development for an evolving health insurance industry in rural India: INPUT for business model innovation [J]. Technological Forecasting & Social Change, 2012, 79(4): 688-699.

[27] Gordijn J., Akkermans H. Designing and evaluating e-business models [J]. Intelligent Systems IEEE, 2001, 16(4): 11-17.

[28] Greunz L. Industrial structure and innovation-evidence from European regions [J]. Journal of Evolutionary Economics, 2004, 14(5): 563-592.

[29] Guo P., Wang T., Dan L., et al. How energy technology innovation affects transition of coal resource-based economy in China [J]. Energy Policy, 2016 (92): 1-6.

[30] Hamel G. Leading the Revolution [M]. MA: Harvard Business School Press, 2000.

[31] Humphrey J., Schmitz H. How does insertion in global value chains affect upgrading in industrial clusters? [J]. Regional Studies, 2002, 36(9): 1017-1027.

[32] Im K., Cho H. A systematic approach for developing a new business model using morphological analysis and integrated fuzzy approach [J]. Expert Systems with Applications, 2013, 40 (11): 4463-4477.

[33] Jiang Y., Tang Y., Chen Q. An adjustable approach to intuitionistic fuzzy soft sets based decision making [J]. Applied Mathematical Modelling, 2011, 35(2): 824-836.

[34] Kaplinsky R., Readman J. Integrating SMEs in global value chains: towards partnership for development [R]. Vienna: UNIDO, 2001.

[35] Kley F., Lerch C., Dallinger D. New business models for electric cars-A holistic approach [J]. Energy Policy, 2011(39): 3392-3403.

[36] Kim C., Choe S., Choi C, Park Y. A systematic approach to new mobile service creation [J]. Expert Systems with Applications, 2008, 35(3): 762-771.

[37] Lyon T. P., Michelin M., Jongejan A., Leahy T. Is "Smart Charging" policy for electric vehicles worthwhile? [J]. Energy Policy, 2012(41): 259-268.

[38] Lundvall B. A. National systems of innovation: Towards a theory of innovation and interactive learning [M]. Printer: London, 1992.

[39] Madina C., Zamora I., Zabala E. Methodology for assessing

electric vehicle charging infrastructure business models [J]. Energy Policy, 2016(89): 284-293.

[40] Magretta J. Why business model matter [J]. Harvard Business Review, 2002(80): 3-8.

[41] Mahadevan B. Business models for internet-based e-Commerce [J]. California Management Review, 2000, 42(4): 55-169.

[42] Maji P. K., Biswas R., Roy A. R. Fuzzy soft sets [J]. Journal of Fuzzy Mathematics, 2001, 9(3): 589-602.

[43] March J. G. Exploration and exploitation in organizational learning [J]. Organizational Science，1991, 2(1): 71-87.

[44] Molodtsov D. Soft set theory-first results [J]. Computers & Mathematics with Applications, 1999, 37(4-5): 19-31.

[45] Morris M., Schindehutte M, Allen J. The entrepreneur's business model: toward a unified perspective [J]. Journal of Business Research, 2005, 58(6): 726-735.

[46] Nelson R. R. National innovation systems: a comparative analysis [M]. New York: Oxford University Press, 1993.

[47] Osterwalder A. The business model ontology-a proposition in a design science approach [D]. Switzerland: University of Lausanne, 2004.

[48] Pateli A. G., Giaglis G. M. Technology innovation-induced business model change: a contingency approach [J]. Journal of Organizational Change Management, 2005, 18(2): 167-183.

[49] Poon S. C. Beyond the global production networks: a case of further upgrading of Taiwans information technology industry [J]. International Journal of Technology & Globalisation, 2004, 1(1): 130-144.

[50] Porter M. E. The competitive advantage of nations [M].

MacMillan, London: Basingstoke, 1990.

[51] Pramataris K., Papakiriakopoulos D., Lekakos G, Mylonopoulos N. Personalized interactive TV advertising: the IMEDIA business model [J]. Journal of Electronic Markets, 2001, 11(1): 17-25.

[52] Rappa M. Business models on the web: Managing the digital enterprise [EB/OL]. http://digitalenterprise. org/models/models.html, 2001, Accessed: 2019-04-25.

[53] Rewey R. L. The problems and promise of electric vehicle production [J]. Business Forum, 1997(1): 1-11.

[54] Robert W. Veryzer. Discontinuous Innovation and the New Product Development [J]. Product Innovation Management, 1998 (15): 304-321.

[55] Román T. G. S, Momber I, Miralles M. R. A. A. S. Regulatory framework and business models for charging plug-in electric vehicles: Infrastructure, agents, and commercial relationships [J]. Energy policy, 2011, 39(10): 6360-6375.

[56] Rothaermel F. T., Hill C. W. L. Technological discontinuities and complementary assets: a longitudinal study of industry and firm performance [J]. Organization Science, 2005, 16(1): 52-70.

[57] Sabatier V., Craig-Kennard A., Mangematin V. When technological discontinuities and disruptive business models challenge dominant industry logics: Insights from the drugs industry [J]. Technological Forecasting & Social Change, 2012(79): 949-962.

[58] Seelos C., Mair J. Profitable business models and market creation in the context of deep poverty: A strategic view [J]. Academy of Management Perspectives, 2007, 21(4): 49-63.

[59] Shafer S. M., Smith H. J., Linder J. The power of business models [J]. Business Horizons, 2005(48): 199-207.

[60] Solo C. S. Innovation in the capitalist process: A critique of the Schumpeterian theory [J]. The Quarterly Journal of Economics, 1951, 65(3): 417-428.

[61] Sosna M., Trevinyo-Rodrĭguez R. N., Velamuri S. R. Business model innovation through trial-and-error learning-the naturhousecase [J]. Long Range Planning, 2010, 43(2-3): 383-407.

[62] Stewart D. W., Zhao Q. Internet marketing, business models, and public policy [J]. Journal of Public Policy & Marketing, 2000, 19(2): 287-296.

[63] Struben J., Sterman J. D. Transition challenges for alternative fuel vehicle and transportation systems [J]. Environment and Planning B: Planning and Design, 2008(35): 1070-1097.

[64] Teece D. J. Business models, business strategy and innovation [J]. Long Range Planning, 2010(43):172-194

[65] Timmers P. Business models for electronic markets [J]. Electronic Markets, 1998, 8(2): 3-8.

[66] Utterback J .M, Abernathy W. J. A dynamic model of process and product innovation [J]. Omega, 1975, 3(6): 639-656.

[67] Weill P., Vitale M. R. Place to space: Migrating to eBusiness models [M]. Boston, MA: Harvard Business School Press, 2001.

[68] Wittenberg D. O. Charging ahead with electric vehicles [J]. Business Forum, 1997, 22(2/3): 39-41.

[69] Yoon B., Park Y. A systematic approach for identifying technology opportunities: keyword-based morphology analysis [J]. Technological Forecasting & Social Change, 2005, 72(2): 145-160.

[70] Zott C., Amit R., Massa L. The business model: recent developments and future research [J]. Journal of Management, 2011, 37(4): 997-1018.

［71］曹永琴. 应以智能制造引领上海汽车产业的高端化发展［J］. 上海经济，2016（1）：21-25.

［72］陈慧，徐建波. 智能汽车技术发展趋势［J］. 中国集成电路，2014（11）：64-70.

［73］陈力，胡冬雪. 智慧汽车发展概况与趋势［J］. 世界科学，2014（9）：40-42.

［74］陈柳钦. 技术创新、技术融合与产业融合［J］. 云南科技管理，2007，20（6）：19-22.

［75］段君玮. 技术创新对我国信息技术产业结构调整作用机理研究［D］. 长春：吉林大学，2014.

［76］范拓源，尤建新. 战略性新兴产业发展规划与管理［M］. 北京：化学工业出版社，2011.

［77］傅家骥，姜彦福，赵军，等. 技术创新与我国经济发展道路的选择［J］. 改革，1990（6）：64-69.

［78］郭孔辉. 对我国电动汽车产业化问题的思考［J］. 中国工程科学，2011（9）：4-7，21.

［79］国务院发展研究中心产业经济研究部，中国汽车工程学会，大众汽车集团（中国）. 中国汽车产业发展报告（2012）［M］. 北京：社会科学文献出版社，2012.

［80］贾蔚文. 技术创新——转变我国经济增长方式的根本途径[J]. 科学学与科学技术管理，1997（1）：7-9.

［81］孔垂颖，马恩海，门峰. 智能网联汽车发展路径及机制研究［J］. 汽车工业研究，2016（11）：26-31.

［82］李宁，郭毅夫，王岩. 云管理商业模式及评估［J］. 中国管理科学，2012（S2）：640-646.

［83］李强，郑江淮. 我国战略性新兴产业的选择——基于突破性技术创新的视角［J］. 创新，2011，5（6）：49-54.

［84］李铭洋，樊治平，尤天慧. 多方参与决策且指标集有差

异的方案排序方法［J］. 控制与决策，2013，28（6）：849-854.

［85］刘卫星，丁信伟. 基于六维平衡计分卡的商业模式评价体系构建［J］. 工业技术经济，2010，29（12）：131-135.

［86］刘志迎，李慧. 嵌入在产业链中的技术创新机理研究［J］. 科学管理研究，2009，27（6）：12-15.

［87］马洪福. 技术创新对制造业升级的作用研究［D］. 南京：南京财经大学，2015.

［88］马云泽. 技术变革：产业结构软化的本源［J］. 桂海论丛，2006，22（3）：38-41.

［89］毛军军，姚登宝，王翠翠，等. 基于时序模糊软集的群决策方法［J］. 系统工程理论与实践，2014，34（1）：182-189.

［90］彭鸿林，谭茂芹. 新能源汽车充电服务收费问题研究［J］. 市场经济与价格，2010（6）：40-41.

［91］孙连才，王宗军. 基于动态能力理论的商业生态系统下企业商业模式指标评价体系［J］. 管理世界，2011（5）：184-185.

［92］唐德淼. 科业变革和互联网渗透下的产业融合［J］. 科研管理，2015（S1）：453-458.

［93］田娇. 技术创新视角下的产业升级影响因素研究［D］. 湘潭：湖南科技大学，2012.

［94］万钢. 以清洁能源振兴中国汽车业［J］. 商务周刊，2005（11）：5-6.

［95］王琴. 基于价值网络重构的企业商业模式创新［J］. 中国工业经济，2011（1）：79-87.

［96］魏江，冯军政. 国外不连续创新研究现状评介与研究框架构建［J］. 外国经济与管理，2010，32（6）：9-16.

［97］吴忠泽. 智能汽车发展的现状与挑战［J］. 时代汽车，2015（7）：42-45.

［98］肖鹏，万君康，胡洁. 论我国电动汽车企业的技术创新

策略［J］. 湖北社会科学，2004（6）：85-87.

［99］约瑟夫·熊彼特. 郭武军，吕阳，译. 经济发展理论［M］. 北京：华夏出版社，2015.

［100］徐可，徐楠. 全球视角下的智能网联汽车发展路径［J］. 中国工业评论，2015（9）：76-81.

［101］薛奕曦，邵鲁宁，尤建新，等. 面向新能源汽车的社会-技术域分析及其转型推动研究［J］. 中国软科学，2013（3）：78-88.

［102］杨宏呈. 基于突破性创新视角的战略性新兴产业发展研究［D］. 武汉：华中科技大学，2013.

［103］原磊. 商业模式体系重构［J］. 中国工业经济，2007（6）：70-79.

［104］原磊，张小光. 商业模式评估的理论框架研究［J］. 中国社会科学院研究生院学报，2016（1）：39-49.

［105］张国胜. 技术变革、范式转换与我国产业技术赶超［J］. 中国软科学，2013（3）：53-65.

［106］张宏胜. 上海物联网产业SWOT分析及发展战略研究［J］. 江苏商论，2012（24）：48-49.

［107］赵福全，匡旭，刘宗巍. 面向智能网联汽车的汽车产业升级研究——基于价值链视角［J］. 科技进步与对策，2016，33（17）：56-61.

［108］赵海燕，马卫民，孙秉珍，等. 一种多方参与方案评价的模糊软集决策方法［J］. 科技管理研究，2016，36（15）：213-216.

［109］钟文彬，孙泽昌. 电动汽车产业化与技术安全性的博弈论［J］. 上海汽车，2011（9）：3-7.

［110］朱榕榕. 技术创新与产业升级路径研究［D］. 上海：华东政法大学，2012.

［111］朱卫平，陈林. 产业升级的内涵与模式研究［J］. 经济

学家，2011（2）：60-66.

［112］周辉，李亭亭，郭本海. 战略性新兴产业中核心企业商业模式评价实证研究[J]. 科技进步与对策，2013，30(22)：127-132.

［113］周姣. 技术创新推动文化产业新业态发展研究［D］. 长沙：湖南大学，2013.

附　录

附录　A 模糊软集模型计算结果

	$V_{12}V_{11}V_{15}$	$V_{12}V_{11}N_{12}$	$V_{12}V_{11}R_{11}$	$V_{12}V_{11}M_{11}$	$V_{12}V_{11}M_{13}$	$V_{12}V_{11}S_{11}$
B_1	0.8	0.7	0.8	0.4	0.4	0.8
B_2	0.7	0.7	0.7	0.5	0.3	0.7
B_3	0.6	0.6	0.6	0.6	0.6	0.6
B_4	0.5	0.6	0.6	0.5	0.5	0.5
B_5	0.6	0.6	0.6	0.6	0.6	0.6
B_6	0.6	0.6	0.6	0.6	0.5	0.6
B_7	0.2	0.4	0.5	0.5	0.5	0.5
	$V_{12}N_{11}V_{15}$	$V_{12}N_{11}N_{12}$	$V_{12}N_{11}R_{11}$	$V_{12}N_{11}M_{11}$	$V_{12}N_{11}M_{13}$	$V_{12}N_{11}S_{11}$
B_1	0.3	0.3	0.3	0.3	0.3	0.3
B_2	0.6	0.6	0.6	0.5	0.3	0.6
B_3	0.6	0.6	0.6	0.6	0.6	0.6
B_4	0.5	0.5	0.5	0.5	0.5	0.5
B_5	0.5	0.5	0.5	0.5	0.5	0.5
B_6	0.8	0.7	0.8	0.8	0.5	0.8
B_7	0.2	0.4	0.5	0.5	0.5	0.5
	$V_{12}R_{11}V_{15}$	$V_{12}R_{11}N_{12}$	$V_{12}R_{11}$	$V_{12}R_{11}M_{11}$	$V_{12}R_{11}M_{13}$	$V_{12}R_{11}S_{11}$
B_1	0.7	0.7	0.7	0.4	0.4	0.7
B_2	0.6	0.6	0.6	0.5	0.3	0.6

续表

	$V_{12}R_{11}V_{15}$	$V_{12}R_{11}N_{12}$	$V_{12}R_{11}$	$V_{12}R_{11}M_{11}$	$V_{12}R_{11}M_{13}$	$V_{12}R_{11}S_{11}$
B_3	0.6	0.6	0.6	0.6	0.6	0.6
B_4	0.5	0.6	0.6	0.5	0.5	0.5
B_5	0.6	0.6	0.6	0.6	0.6	0.6
B_6	0.6	0.6	0.6	0.6	0.5	0.6
B_7	0.2	0.4	0.5	0.3	0.5	0.5
	$V_{12}R_{12}V_{15}$	$V_{12}R_{12}N_{12}$	$V_{12}R_{12}$	$V_{12}R_{12}M_{11}$	$V_{12}R_{12}M_{13}$	$V_{12}R_{12}S_{11}$
B_1	0.2	0.2	0.2	0.2	0.2	0.2
B_2	0.4	0.4	0.4	0.4	0.3	0.4
B_3	0.6	0.6	0.6	0.6	0.6	0.6
B_4	0.5	0.6	0.6	0.5	0.5	0.5
B_5	0.5	0.5	0.5	0.5	0.5	0.5
B_6	0.5	0.5	0.5	0.5	0.5	0.5
B_7	0.2	0.4	0.5	0.5	0.5	0.5

	$V_{12}M_{11}V_{15}$	$V_{12}M_{11}N_{12}$	$V_{12}M_{11}$	$V_{12}M_{11}M_{13}$	$V_{12}M_{11}S_{11}$	$N_{11}V_{11}V_{15}$
B_1	0.7	0.7	0.4	0.4	0.7	0.2
B_2	0.5	0.5	0.5	0.3	0.5	0.7
B_3	0.6	0.6	0.6	0.6	0.6	0.6
B_4	0.5	0.5	0.5	0.5	0.5	0.5
B_5	0.6	0.6	0.6	0.6	0.6	0.7
B_6	0.8	0.7	0.8	0.5	0.8	0.6
B_7	0.2	0.3	0.3	0.3	0.3	0.2
	$N_{11}V_{11}N_{12}$	$N_{11}V_{11}R_{11}$	$N_{11}V_{11}M_{11}$	$N_{11}V_{11}M_{13}$	$N_{11}V_{11}S_{11}$	$N_{11}V_{15}$
B_1	0.2	0.2	0.2	0.2	0.2	0.2
B_2	0.7	0.7	0.5	0.3	0.7	0.6
B_3	0.6	0.6	0.6	0.6	0.6	0.6
B_4	0.5	0.5	0.5	0.5	0.5	0.5

续表

	$N_{11}V_{11}N_{12}$	$N_{11}V_{11}R_{11}$	$N_{11}V_{11}M_{11}$	$N_{11}V_{11}M_{13}$	$N_{11}V_{11}S_{11}$	$N_{11}V_{15}$
B_5	0.6	0.7	0.7	0.7	0.7	0.8
B_6	0.6	0.6	0.6	0.5	0.6	0.7
B_7	0.4	0.5	0.5	0.5	0.5	0.2
	$N_{11}N_{12}$	$N_{11}R_{12}$	N_{11} M_{13}	$N_{11}R_{11}V_{15}$	$N_{11}R_{11}N_{12}$	$N_{11}R_{11}$
B_1	0.2	0.2	0.2	0.2	0.2	0.2
B_2	0.6	0.6	0.3	0.6	0.6	0.6
B_3	0.6	0.6	0.6	0.6	0.6	0.6
B_4	0.5	0.5	0.5	0.5	0.6	0.6
B_5	0.7	0.8	0.5	0.7	0.6	0.7
B_6	0.7	0.7	0.5	0.6	0.6	0.6
B_7	0.4	0.5	0.5	0.2	0.4	0.5
	$N_{11}R_{11}M_{13}$	$N_{11}R_{12}V_{15}$	$N_{11}R_{12}N_{12}$	$N_{11}R_{12}R_{11}$	$N_{11}R_{12}M_{11}$	$N_{11}R_{12}M_{13}$
B_1	0.2	0.2	0.2	0.2	0.2	0.2
B_2	0.3	0.4	0.4	0.4	0.4	0.3
B_3	0.6	0.6	0.6	0.6	0.6	0.6
B_4	0.5	0.5	0.6	0.6	0.5	0.5
B_5	0.7	0.5	0.5	0.5	0.5	0.5
B_6	0.5	0.5	0.5	0.5	0.5	0.5
B_7	0.5	0.2	0.4	0.5	0.5	0.5

	$N_{11}R_{12}S_{11}$	$N_{11}M_{11}V_{15}$	$N_{11}M_{11}N_{12}$	$N_{11}M_{11}R_{11}$	N_{11} M_{11}	$N_{11}M_{11}M_{13}$
B_1	0.2	0.2	0.2	0.2	0.2	0.2
B_2	0.4	0.5	0.5	0.5	0.5	0.3
B_3	0.6	0.6	0.6	0.6	0.6	0.6
B_4	0.5	0.5	0.5	0.5	0.5	0.5
B_5	0.5	0.7	0.6	0.7	0.7	0.7
B_6	0.5	0.7	0.7	0.6	0.7	0.5
B_7	0.5	0.2	0.3	0.3	0.3	0.3

续表

	M_{15} V_{11} V_{15}	M_{15} V_{11} N_{12}	M_{15} V_{11} R_{11}	M_{15} V_{11} M_{11}	M_{15} V_{11} M_{13}	M_{15} V_{11} S_{11}
B_1	0.7	0.7	0.7	0.4	0.4	0.7
B_2	0.6	0.6	0.6	0.5	0.3	0.6
B_3	0.9	0.7	0.6	0.9	0.7	0.6
B_4	0.5	0.5	0.5	0.5	0.5	0.5
B_5	0.7	0.6	0.7	0.7	0.7	0.7
B_6	0.6	0.6	0.6	0.6	0.5	0.6
B_7	0.2	0.4	0.4	0.4	0.4	0.4
	M_{15} N_{11} V_{15}	M_{15} N_{11} N_{12}	M_{15} N_{11} R_{11}	M_{15} N_{11} M_{11}	M_{15} N_{11} M_{13}	M_{15} N11 S_{11}
B_1	0.3	0.3	0.3	0.3	0.3	0.3
B_2	0.6	0.6	0.6	0.5	0.3	0.6
B_3	0.7	0.7	0.6	0.7	0.7	0.6
B_4	0.5	0.5	0.5	0.5	0.5	0.5
B_5	0.5	0.5	0.5	0.5	0.5	0.5
B_6	0.6	0.6	0.6	0.6	0.5	0.6
B_7	0.2	0.4	0.4	0.4	0.4	0.4
	M_{15} R_{11} V_{15}	M_{15} R_{11} N_{12}	M_{15} R_{11}	M_{15} R_{11} M_{13}	M_{15} R_{11} S_{11}	M_{15} R_{12} V_{15}
B_1	0.7	0.7	0.7	0.4	0.7	0.2
B_2	0.6	0.6	0.6	0.3	0.6	0.4
B_3	0.8	0.7	0.6	0.7	0.8	0.6
B_4	0.5	0.5	0.5	0.5	0.5	0.5
B_5	0.7	0.6	0.7	0.7	0.7	0.5
B_6	0.6	0.6	0.6	0.5	0.6	0.5
B_7	0.2	0.4	0.4	0.4	0.4	0.2

	M_{15} R_{12} N_{12}	M_{15} R_{12} R_{11}	M_{15} R_{12} M_{11}	M_{15} R_{12} M_{13}	M_{15} R_{12} S_{11}	M_{15} M_{11} V_{15}
B_1	0.2	0.2	0.2	0.2	0.2	0.7
B_2	0.4	0.4	0.4	0.3	0.4	0.5
B_3	0.6	0.6	0.6	0.6	0.6	0.9
B_4	0.5	0.5	0.5	0.5	0.5	0.5

续表

	$M_{15}R_{12}N_{12}$	$M_{15}R_{12}R_{11}$	$M_{15}R_{12}M_{11}$	$M_{15}R_{12}M_{13}$	$M_{15}R_{12}S_{11}$	$M_{15}M_{11}V_{15}$
B_5	0.5	0.5	0.5	0.5	0.5	0.7
B_6	0.5	0.5	0.5	0.5	0.5	0.6
B_7	0.4	0.4	0.4	0.4	0.4	0.2
	$M_{15}M_{11}N_{12}$	$M_{15}M_{11}R_{11}$	$M_{15}M_{11}$	$M_{15}M_{11}M_{13}$	$M_{15}M_{11}S_{11}$	$S_{11}V_{11}V_{15}$
B_1	0.7	0.4	0.4	0.4	0.7	0.8
B_2	0.5	0.5	0.5	0.3	0.5	0.7
B_3	0.7	0.6	0.9	0.7	0.6	0.6
B_4	0.5	0.5	0.5	0.5	0.5	0.5
B_5	0.6	0.7	0.7	0.7	0.7	0.6
B_6	0.6	0.6	0.6	0.5	0.6	0.6
B_7	0.3	0.3	0.3	0.3	0.3	0.2
	$S_{11}V_{11}N_{12}$	$S_{11}V_{11}M_{11}$	$S_{11}V_{11}M_{13}$	$S_{11}V_{11}$	$S_{11}N_{11}V_{15}$	$S_{11}N_{11}N_{12}$
B_1	0.7	0.4	0.4	0.8	0.3	0.3
B_2	0.7	0.5	0.3	0.7	0.6	0.6
B_3	0.6	0.6	0.6	0.6	0.6	0.6
B_4	0.6	0.5	0.5	0.5	0.5	0.5
B_5	0.6	0.6	0.6	0.6	0.6	0.6
B_6	0.6	0.6	0.5	0.6	0.8	0.7
B_7	0.4	0.5	0.5	0.5	0.2	0.4
	$S_{11}N_{11}R_{11}$	$S_{11}N_{11}M_{11}$	$S_{11}N_{11}M_{13}$	$S_{11}N_{11}$	$S_{11}R_{11}V_{15}$	$S_{11}R_{11}N_{12}$
B_1	0.2	0.2	0.3	0.2	0.7	0.7
B_2	0.6	0.5	0.3	0.6	0.6	0.6
B_3	0.6	0.6	0.6	0.6	0.6	0.6
B_4	0.5	0.5	0.5	0.5	0.5	0.6
B_5	0.6	0.6	0.6	0.6	0.6	0.6
B_6	0.6	0.7	0.5	0.7	0.6	0.6
B_7	0.5	0.3	0.6	0.5	0.2	0.4

续表

	$S_{11} R_{11} M_{11}$	$S_{11} R1_{1} M_{13}$	$S_{11} R_{11}$	$S_{11} R_{12} V_{15}$	$S_{11} R_{12} N_{12}$	$S_{11} R_{12} R_{11}$
B_1	0.4	0.4	0.7	0.2	0.2	0.2
B_2	0.5	0.3	0.6	0.4	0.4	0.4
B_3	0.6	0.6	0.6	0.6	0.6	0.6
B_4	0.5	0.5	0.5	0.5	0.6	0.6
B_5	0.6	0.6	0.6	0.5	0.5	0.5
B_6	0.6	0.5	0.6	0.5	0.5	0.5
B_7	0.6	0.6	0.6	0.2	0.4	0.6
	$S_{11} R_{12} M_{11}$	$S_{11} R_{12} M_{13}$	$S_{11} R_{12}$	$S_{11} M_{11} V_{15}$	$S_{11} M_{11} N_{12}$	$S_{11} M_{11}$
B_1	0.2	0.2	0.2	0.7	0.7	0.4
B_2	0.4	0.3	0.4	0.5	0.5	0.5
B_3	0.6	0.6	0.6	0.6	0.6	0.6
B_4	0.5	0.5	0.5	0.5	0.5	0.5
B_5	0.5	0.5	0.5	0.6	0.6	0.6
B_6	0.5	0.5	0.5	0.8	0.7	0.8
B_7	0.3	0.6	0.6	0.2	0.3	0.3
	$S_{11} M_{11} M_{13}$	—	—	—	—	—
B_1	0.4	—	—	—	—	—
B_2	0.3	—	—	—	—	—
B_3	0.6	—	—	—	—	—
B_4	0.5	—	—	—	—	—
B_5	0.6	—	—	—	—	—
B_6	0.5	—	—	—	—	—
B_7	0.3	—	—	—	—	—